ESTE LIBRO PARA COLOREAR PERTENECE A

....

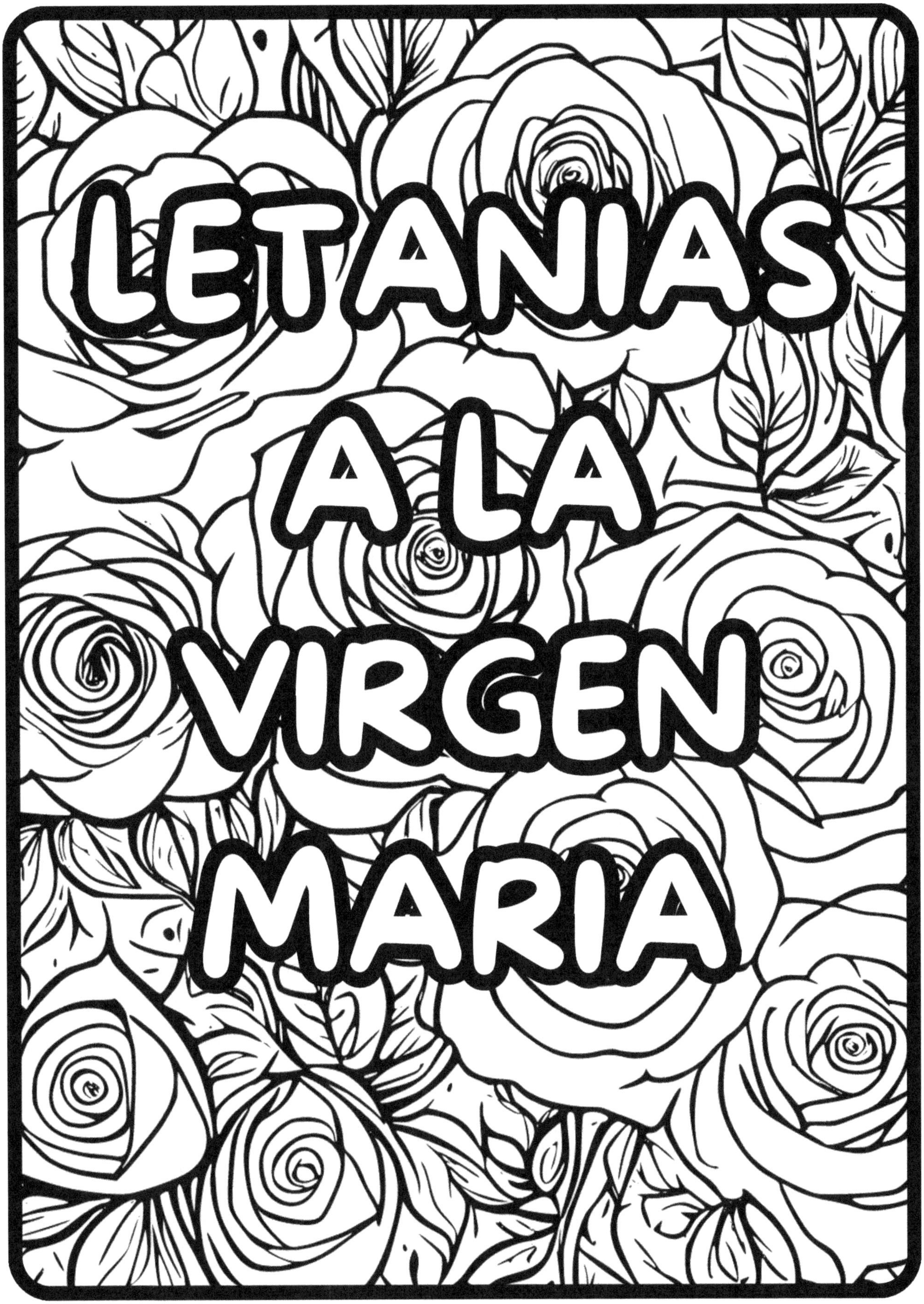
LETANIAS
A LA
VIRGEN
MARIA

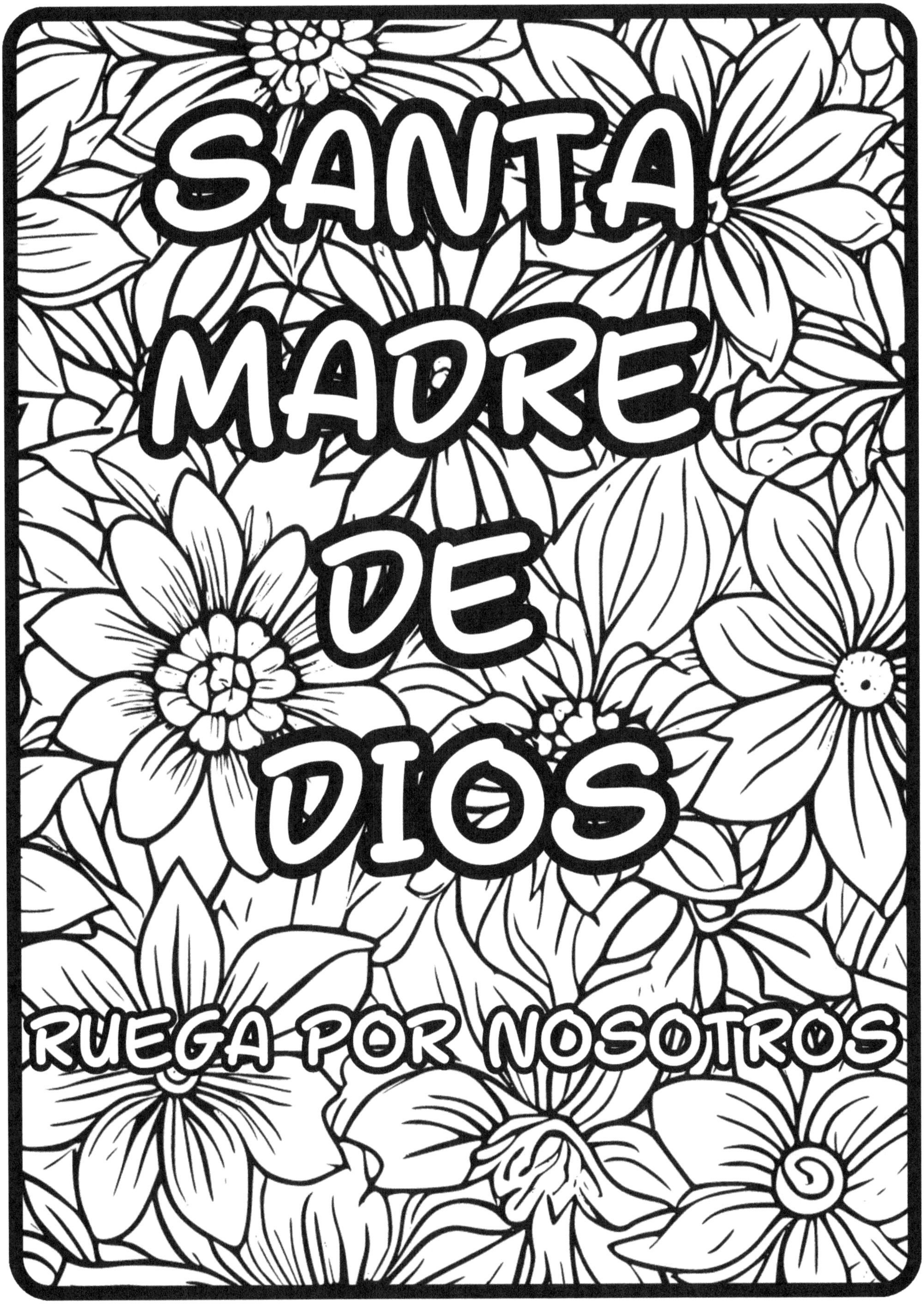
SANTA
MADRE
DE
DIOS
RUEGA POR NOSOTROS

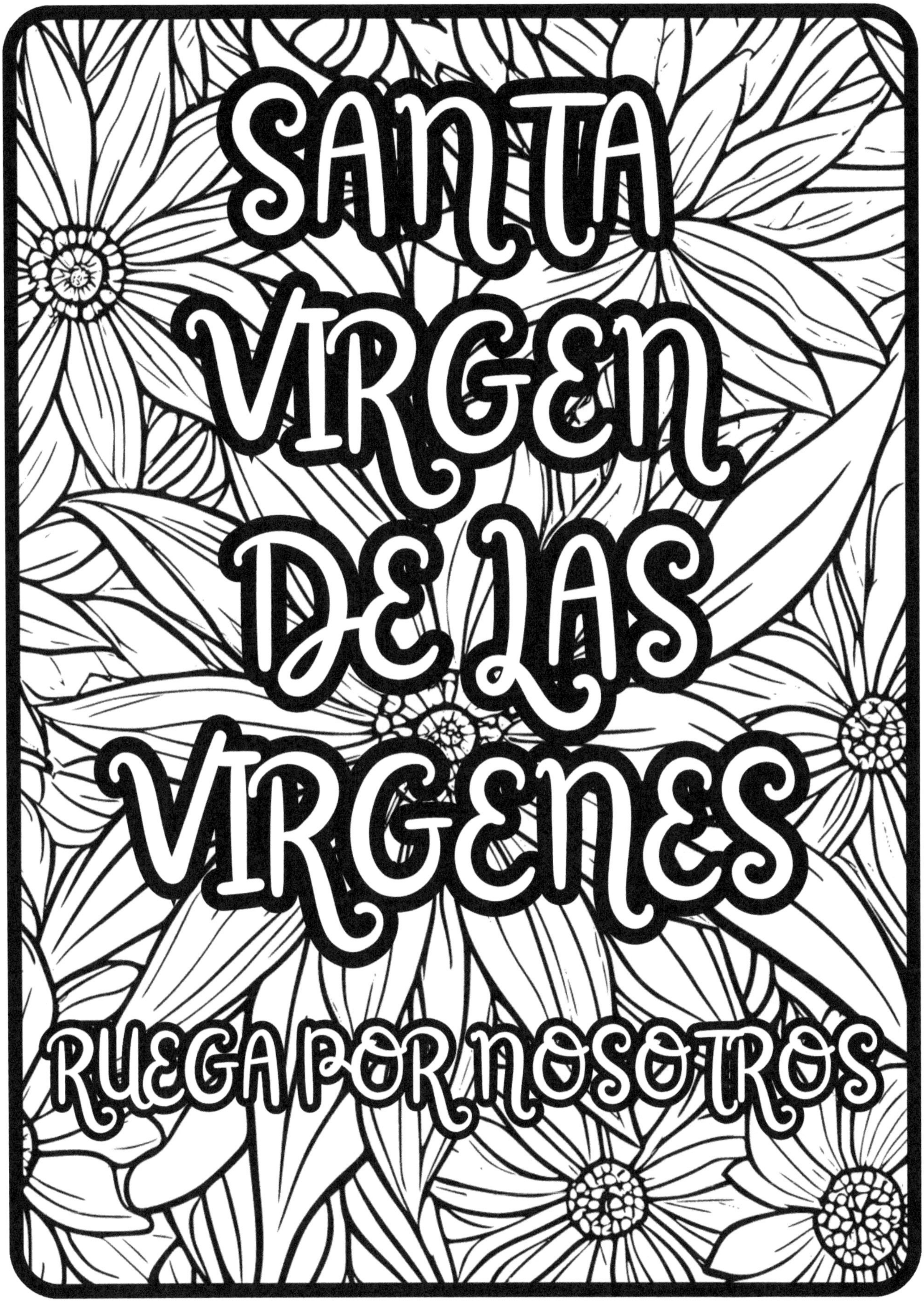
SANTA
VIRGEN
DE LAS
VIRGENES
RUEGA POR NOSOTROS

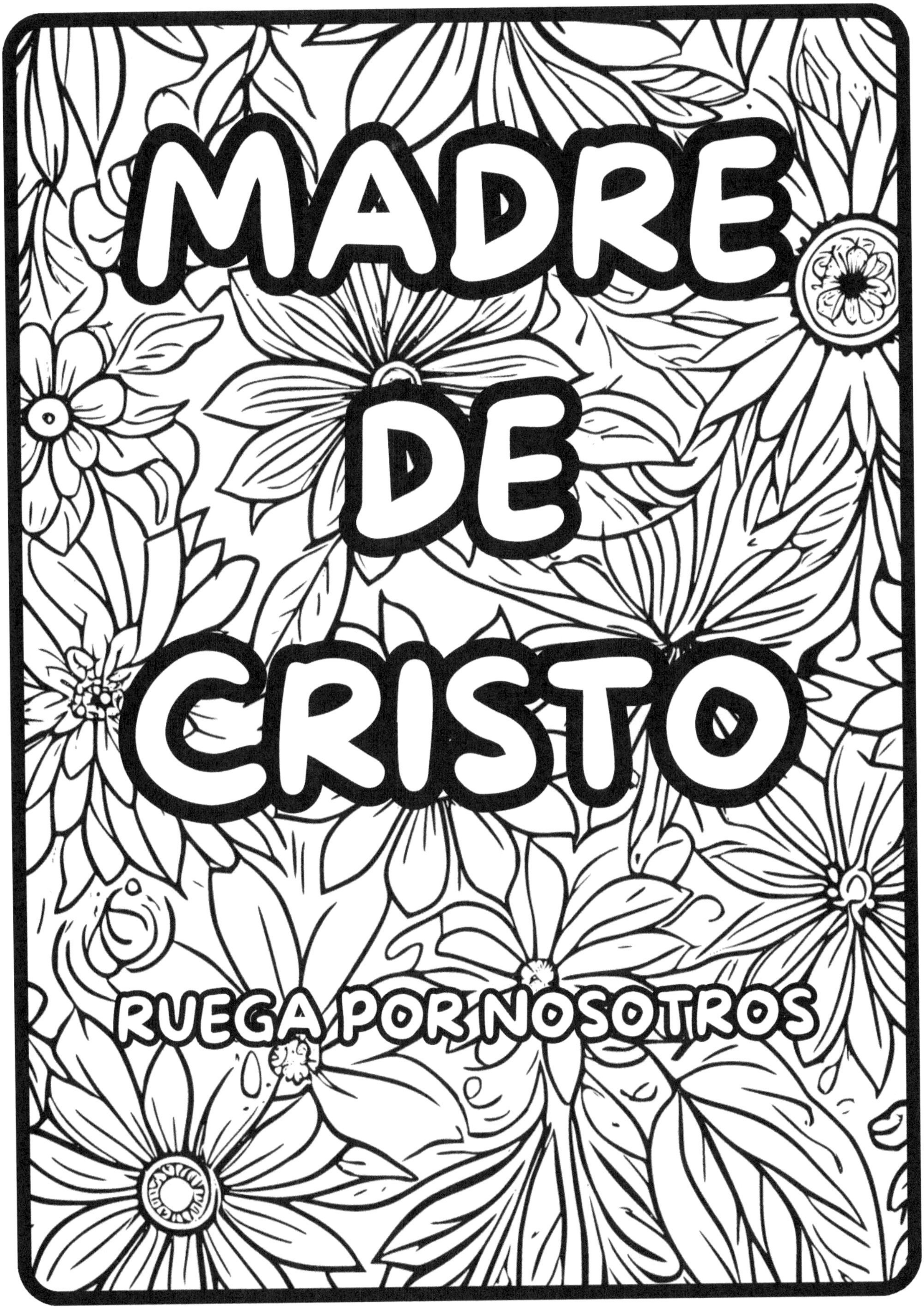
MADRE
DE
CRISTO
RUEGA POR NOSOTROS

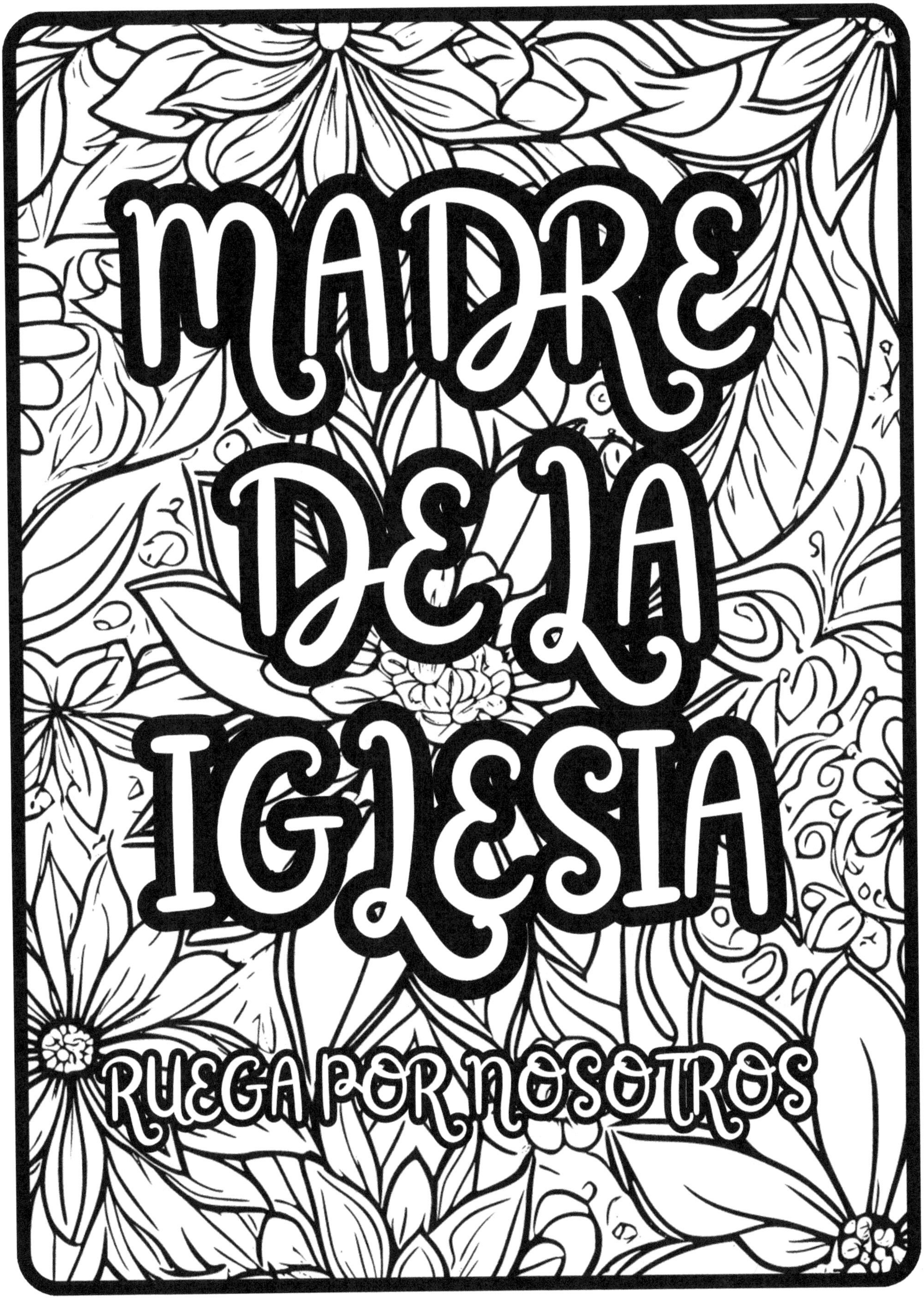
MADRE
DE LA
IGLESIA
RUEGA POR NOSOTROS

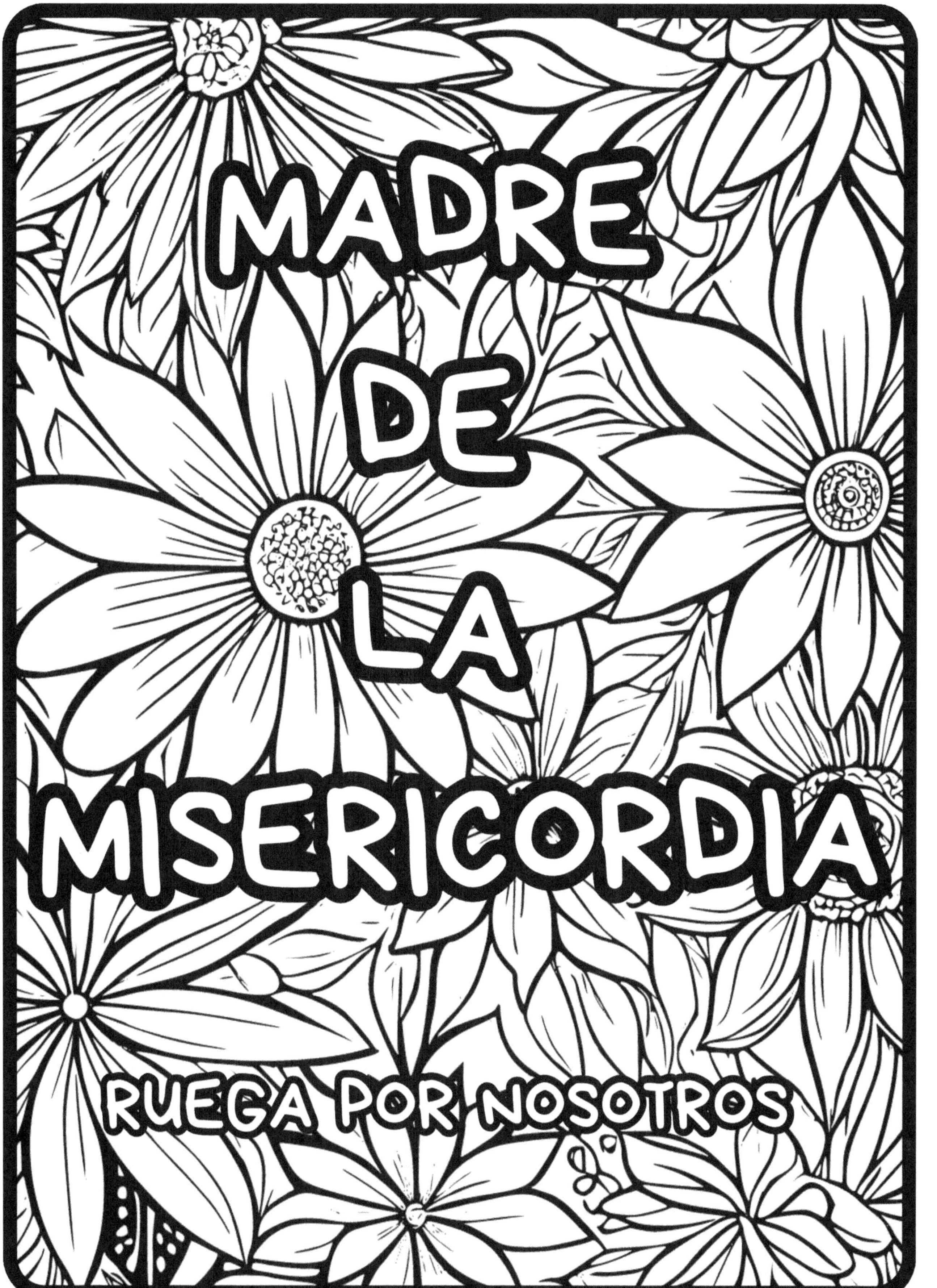
MADRE
DE
LA
MISERICORDIA
RUEGA POR NOSOTROS

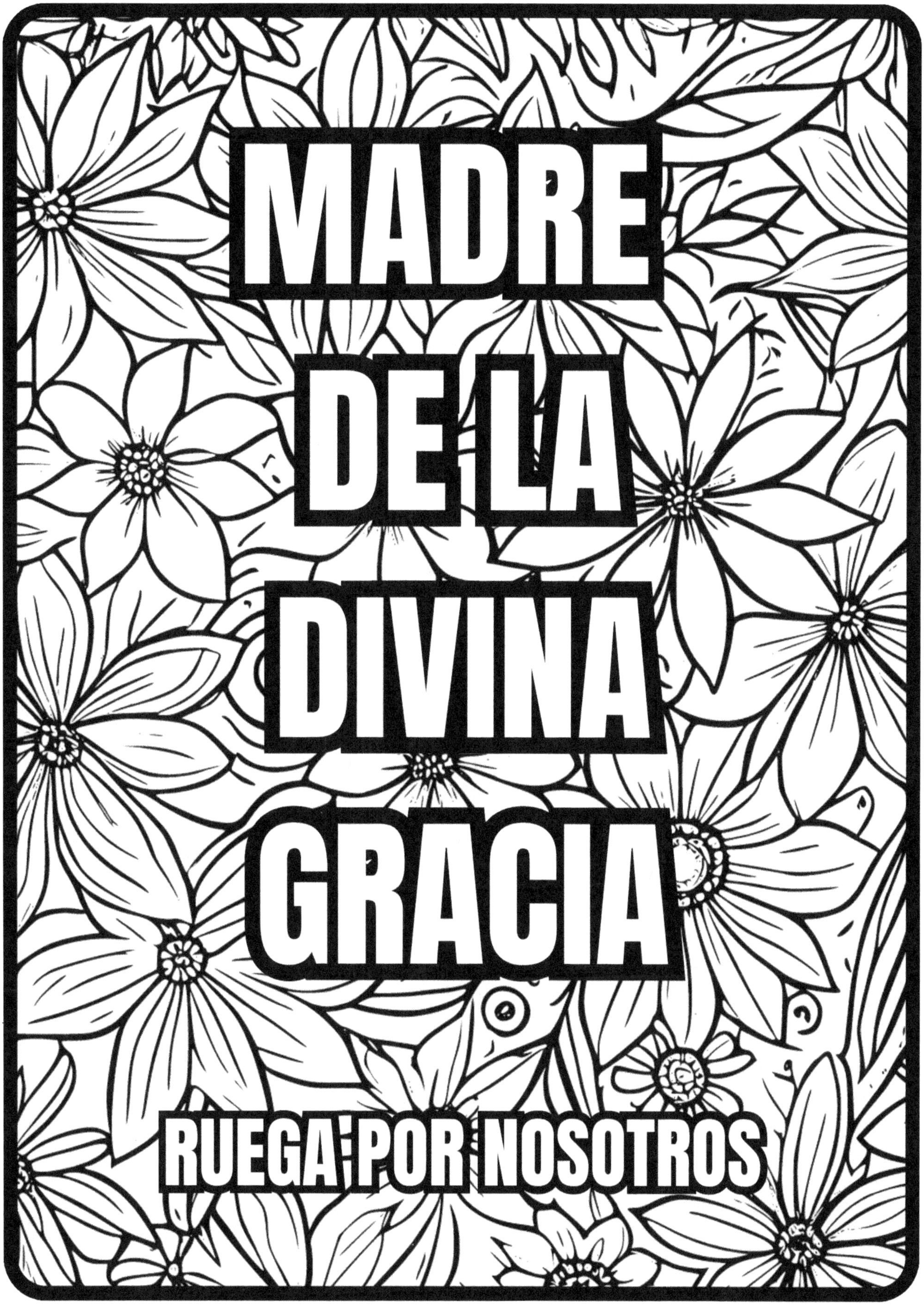
MADRE
DE LA
DIVINA
GRACIA
RUEGA POR NOSOTROS

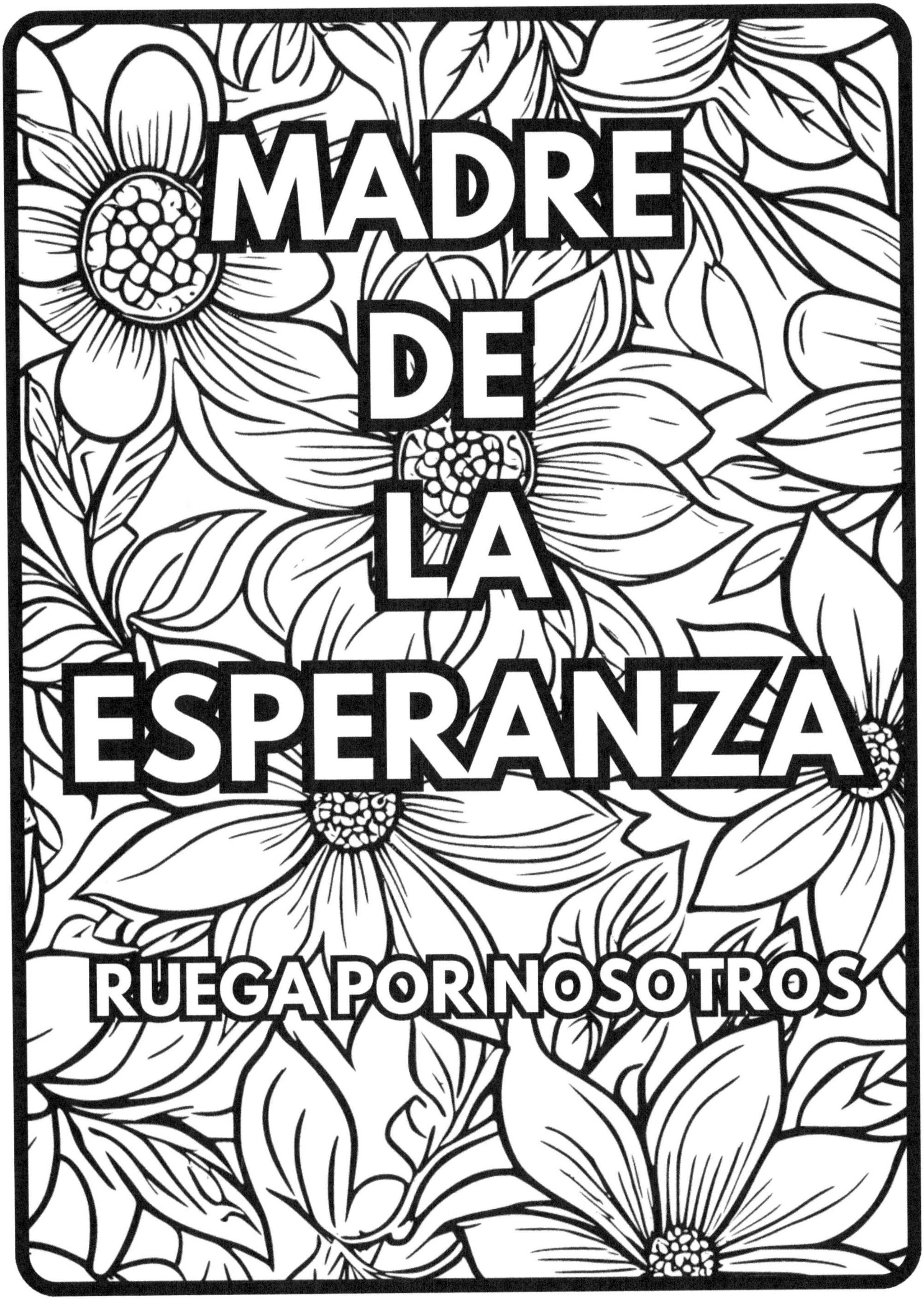
MADRE
DE
LA
ESPERANZA
RUEGA POR NOSOTROS

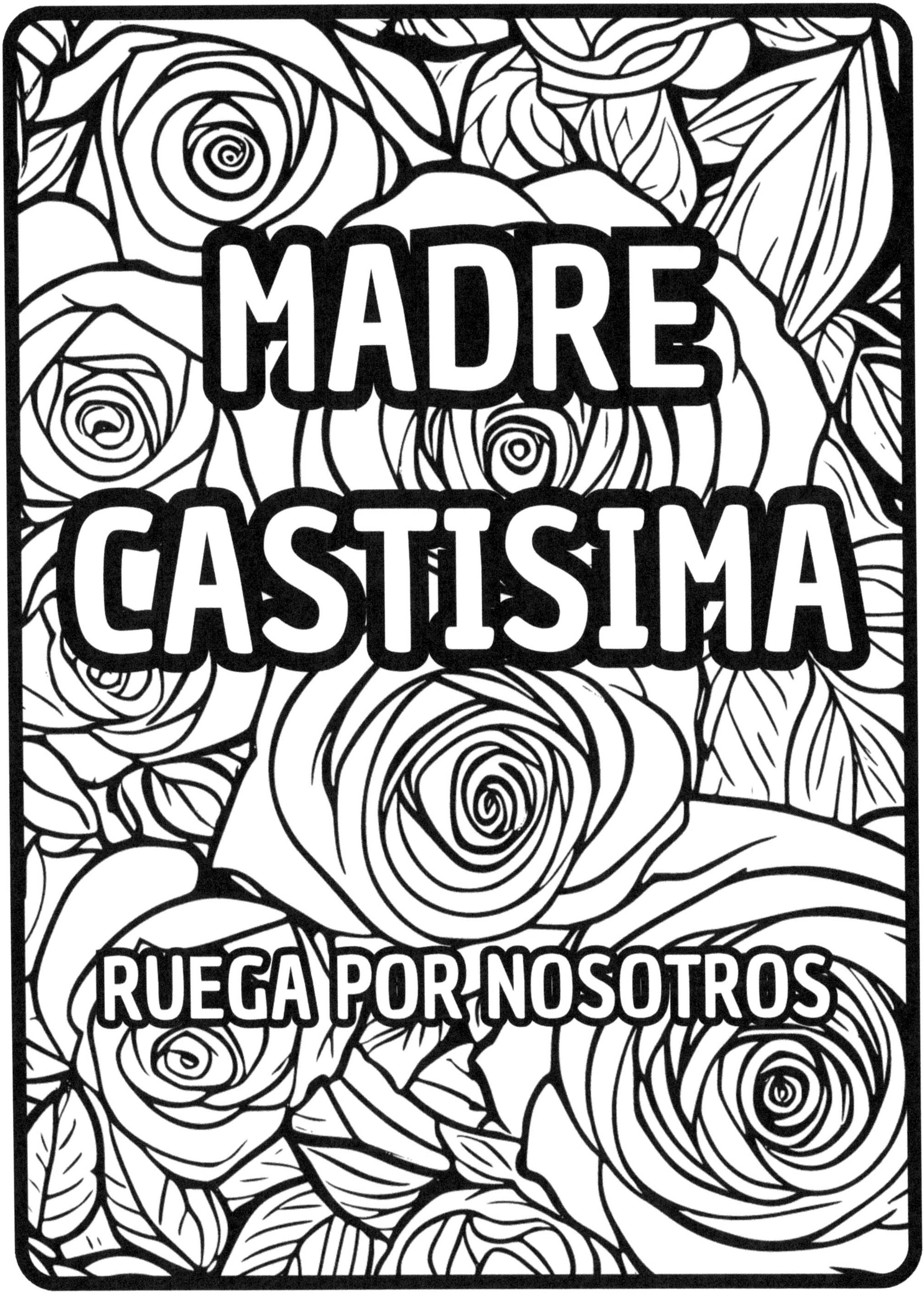
MADRE
CASTISIMA
RUEGA POR NOSOTROS

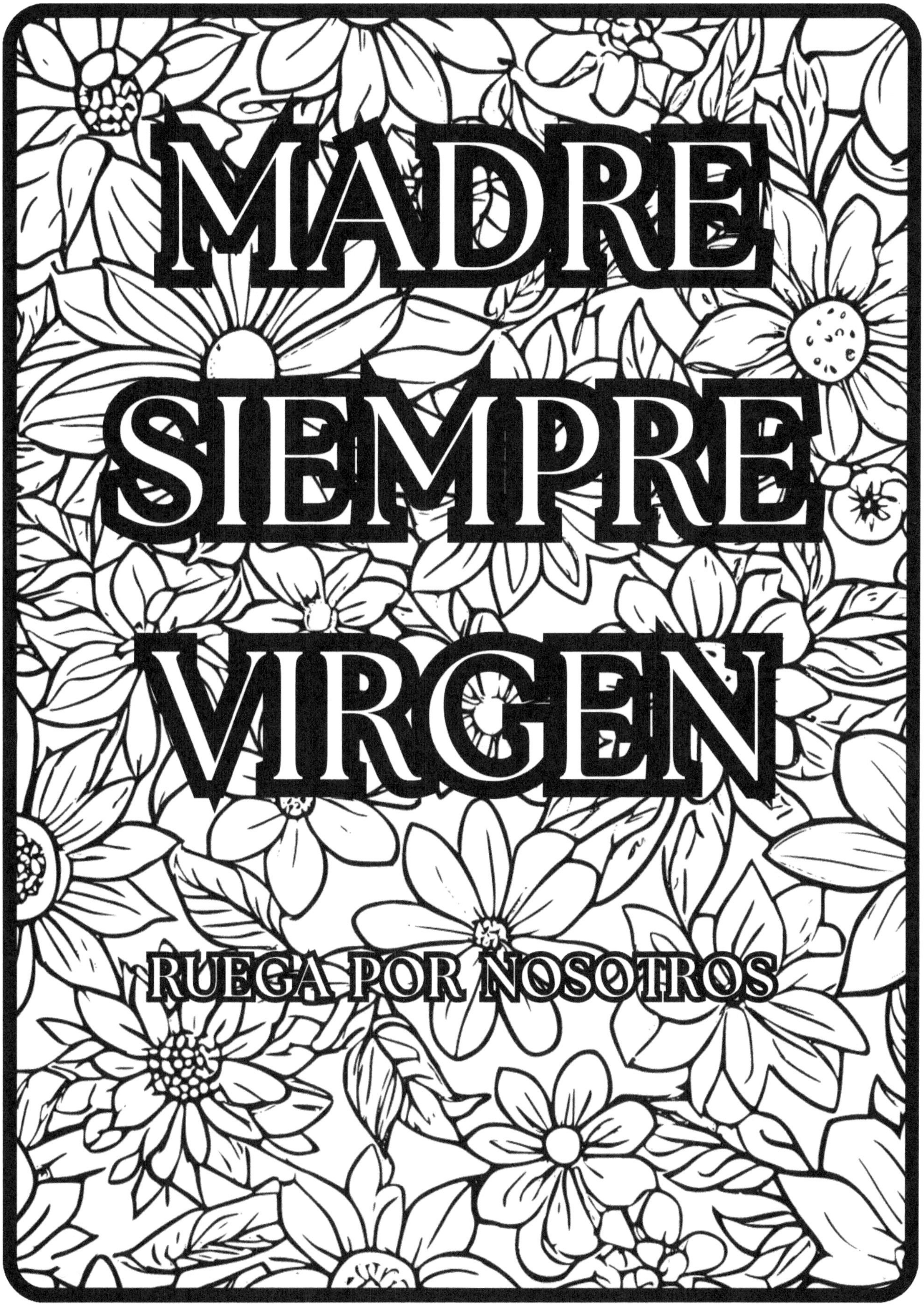
MADRE
SIEMPRE
VIRGEN
RUEGA POR NOSOTROS

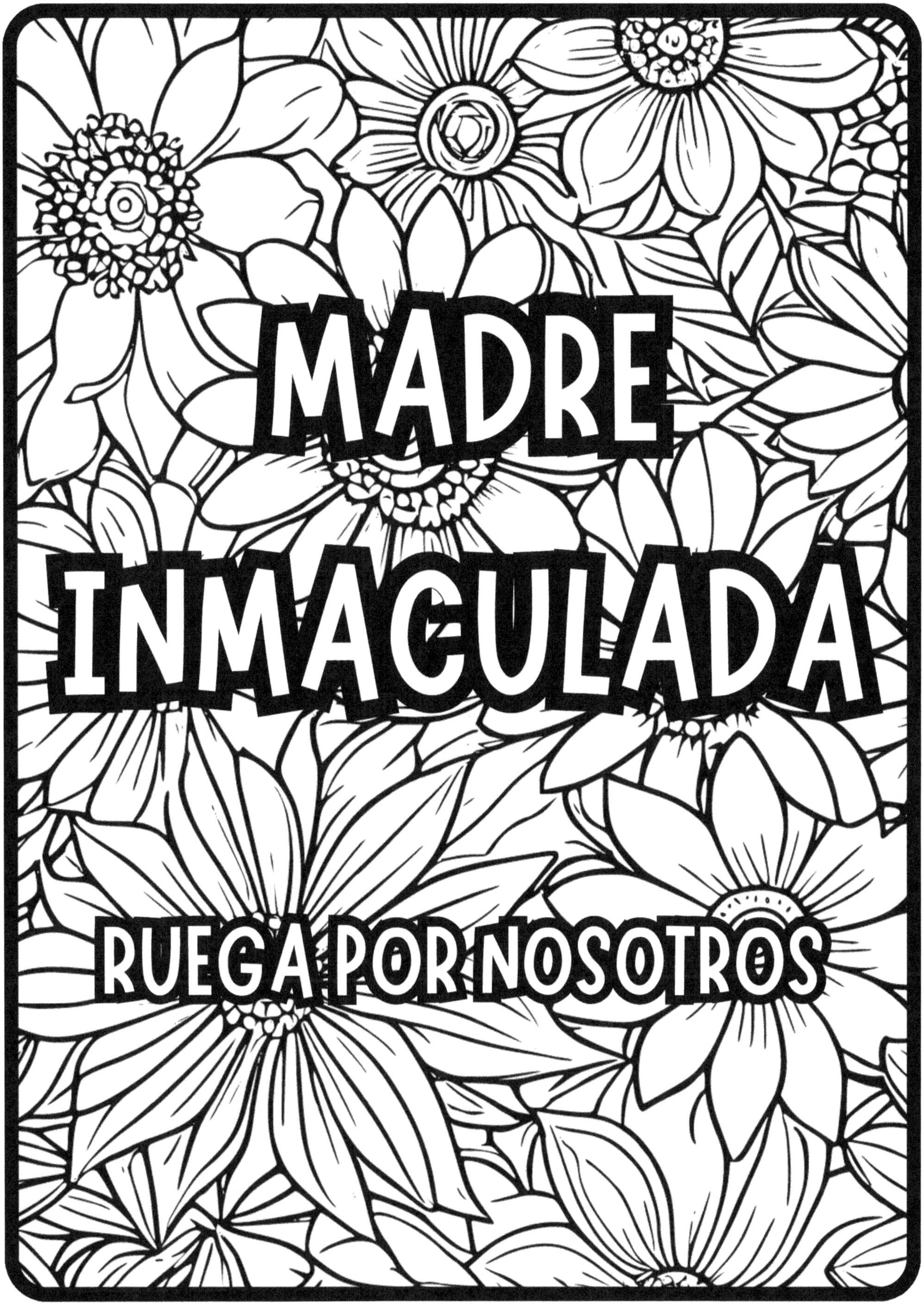
MADRE
INMACULADA
RUEGA POR NOSOTROS

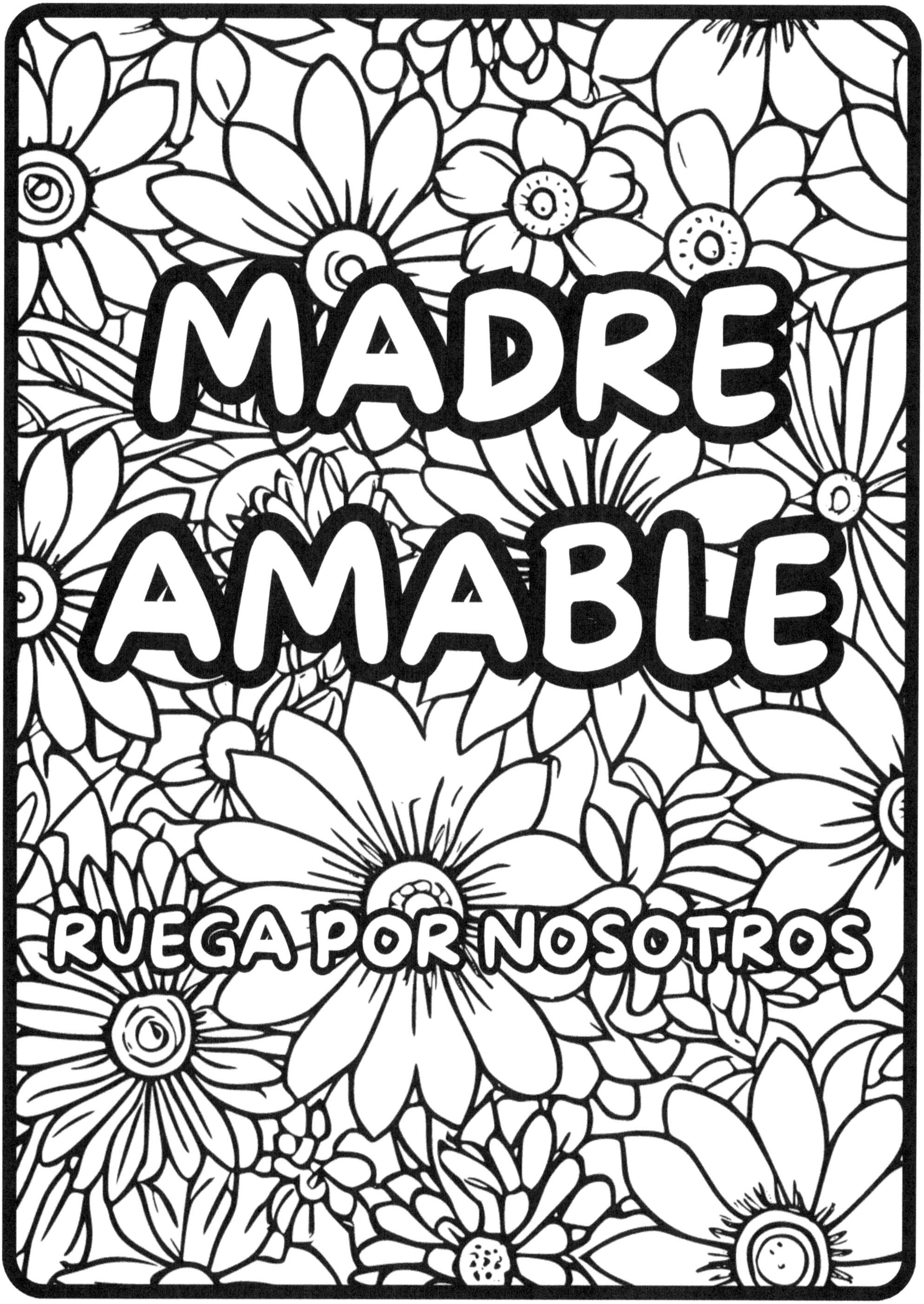
MADRE
AMABLE
RUEGA POR NOSOTROS

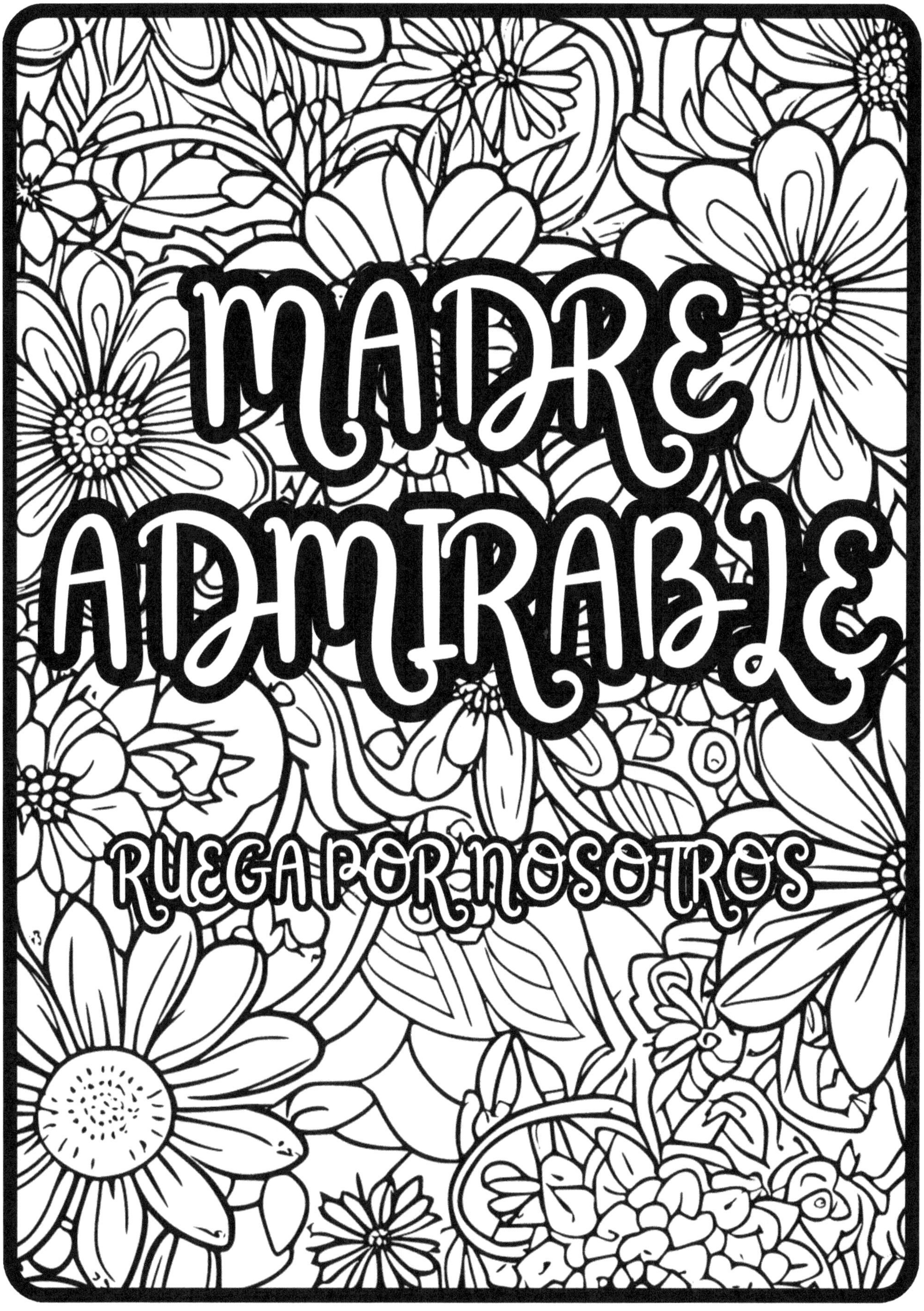
MADRE
ADMIRABLE
RUEGA POR NOSOTROS

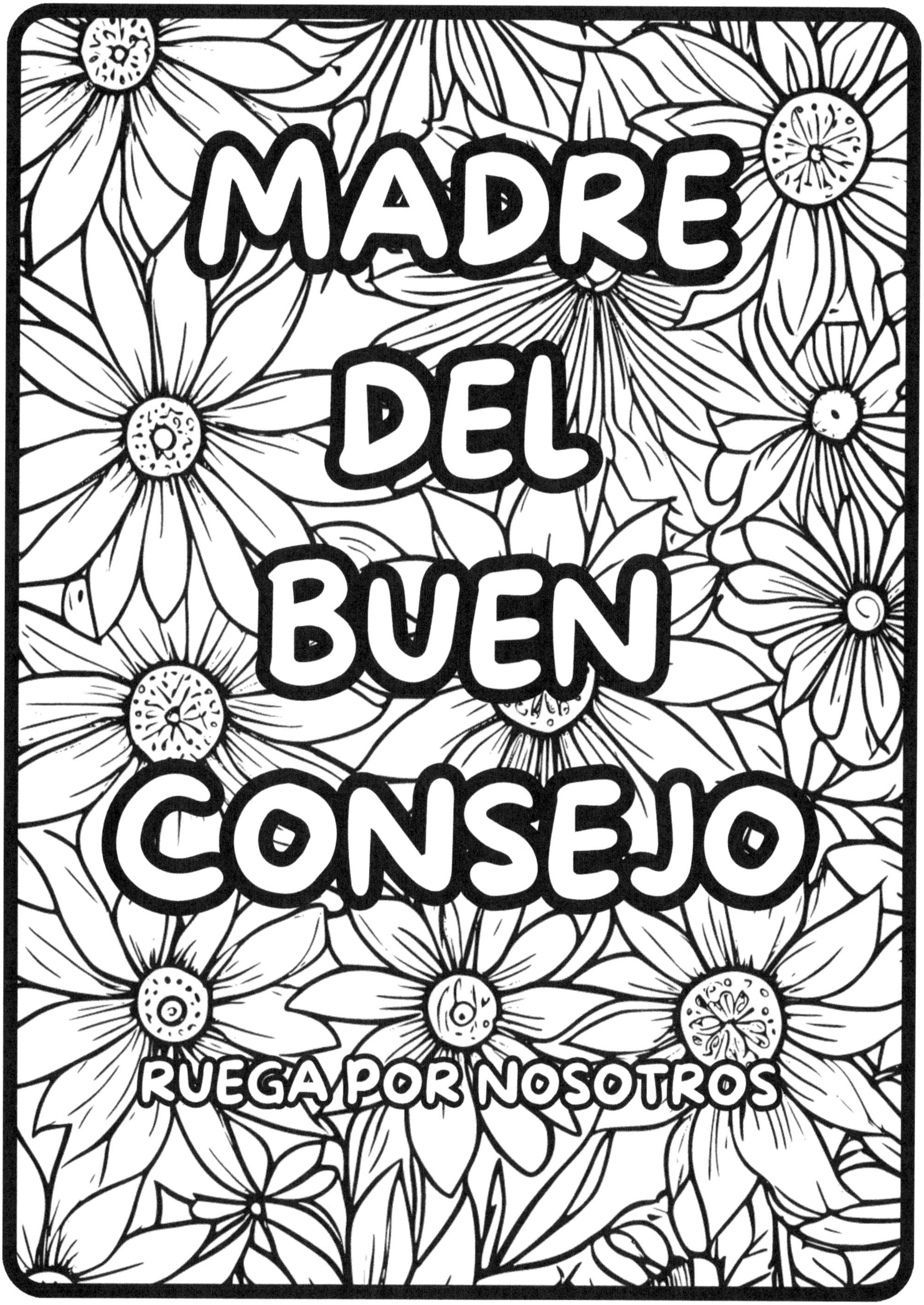
MADRE
DEL
BUEN
CONSEJO
RUEGA POR NOSOTROS

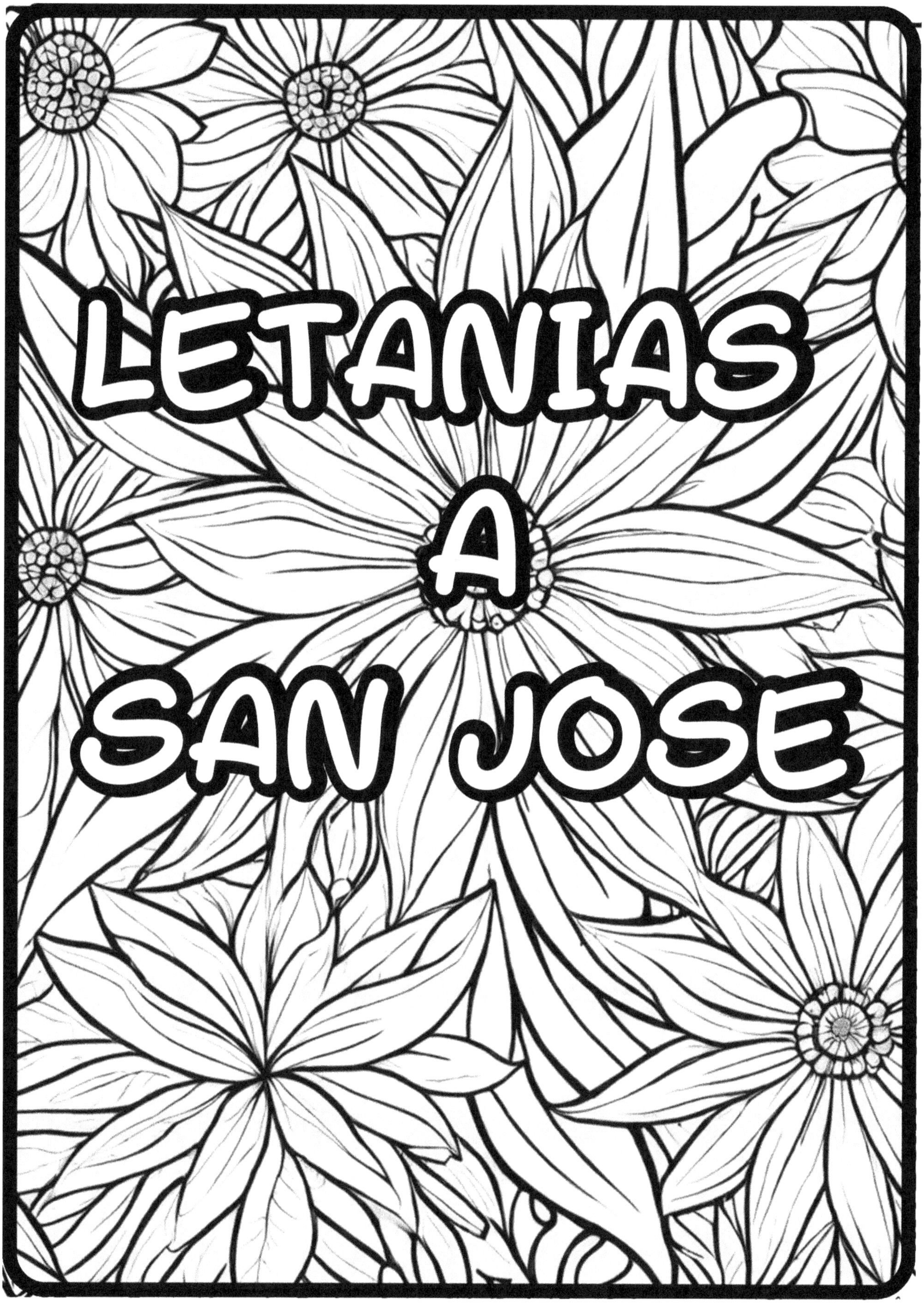
LETANIAS
A
SAN JOSE

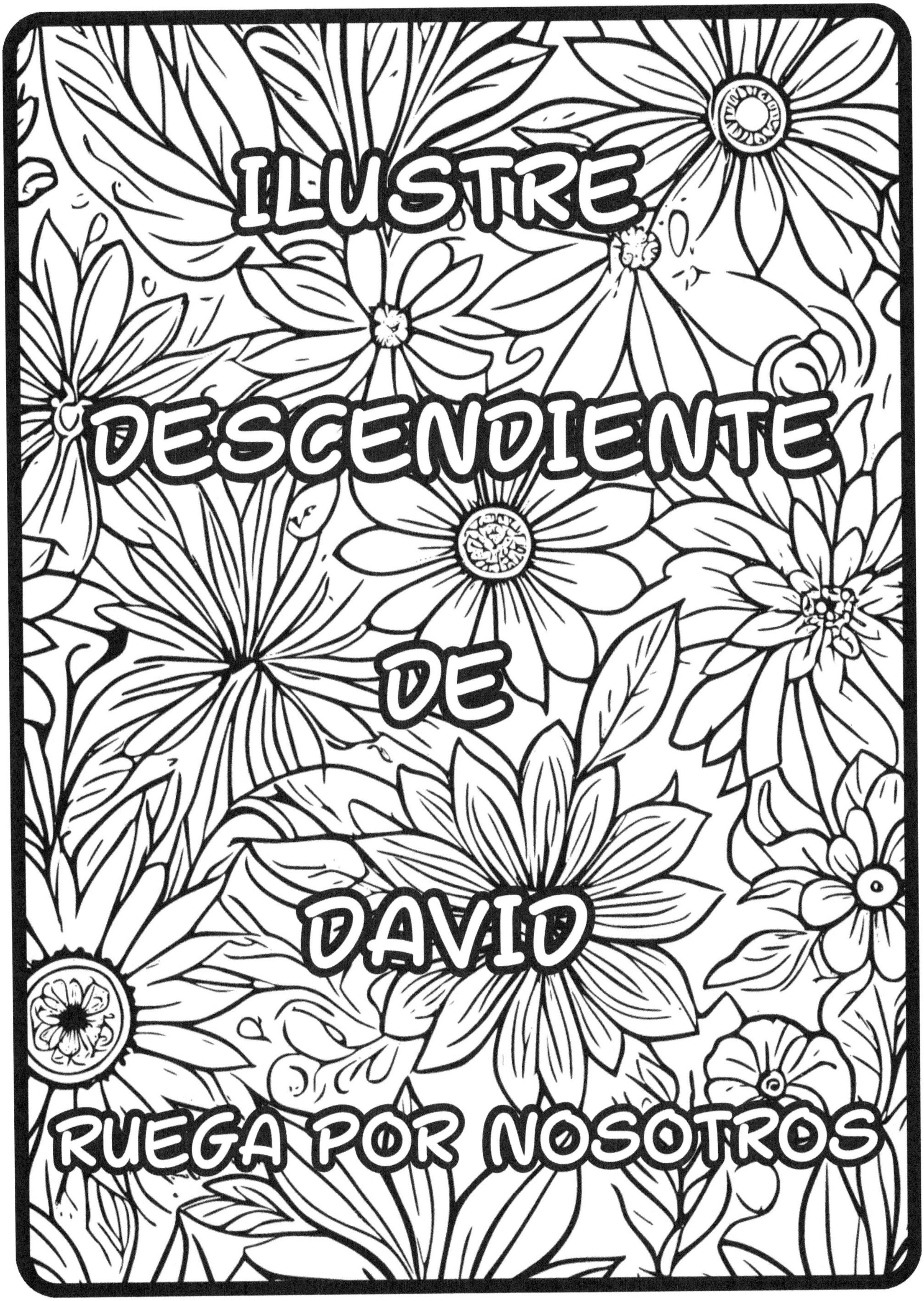
ILUSTRE
DESCENDIENTE
DE
DAVID
RUEGA POR NOSOTROS

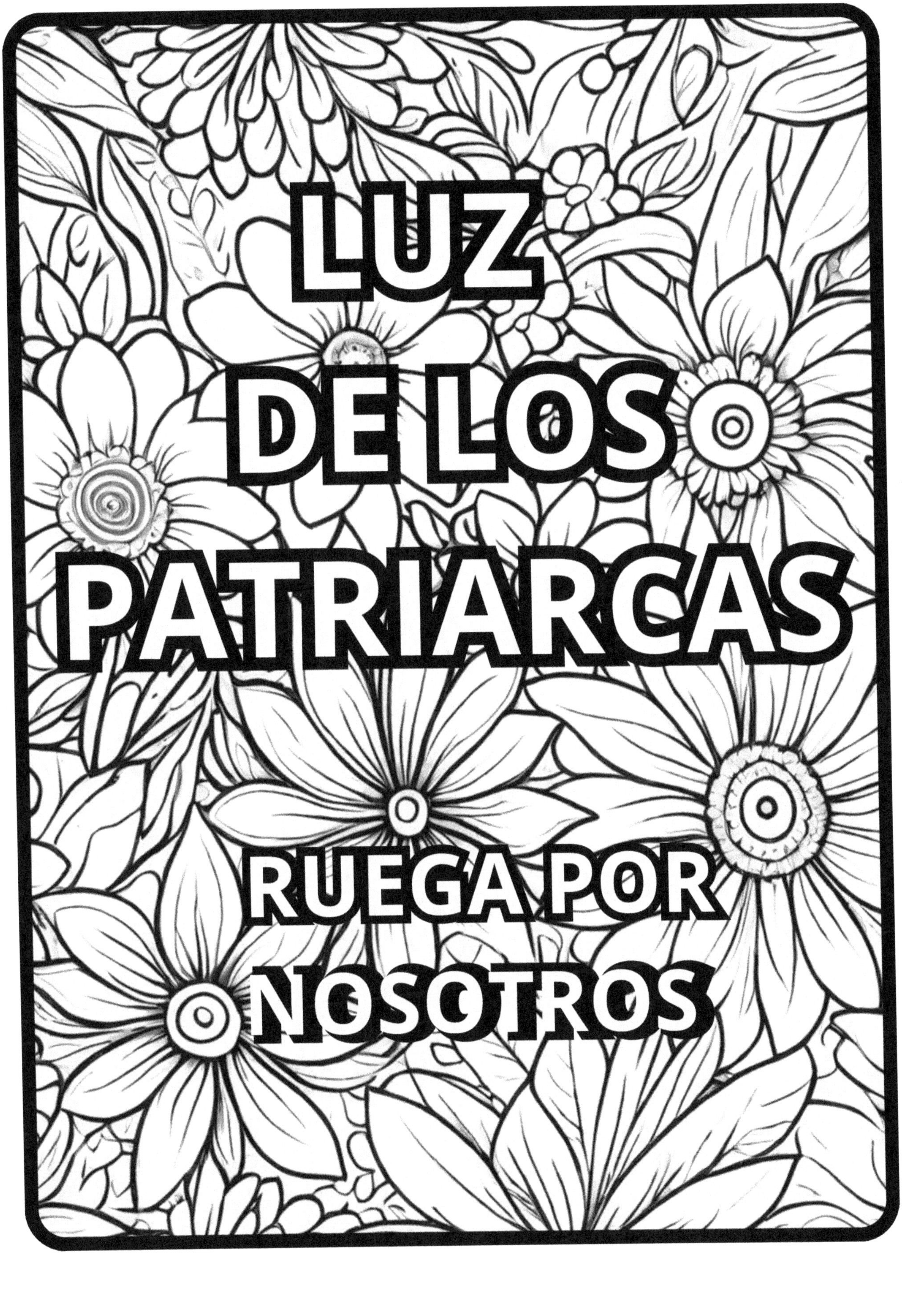
LUZ
DE LOS
PATRIARCAS
RUEGA POR
NOSOTROS

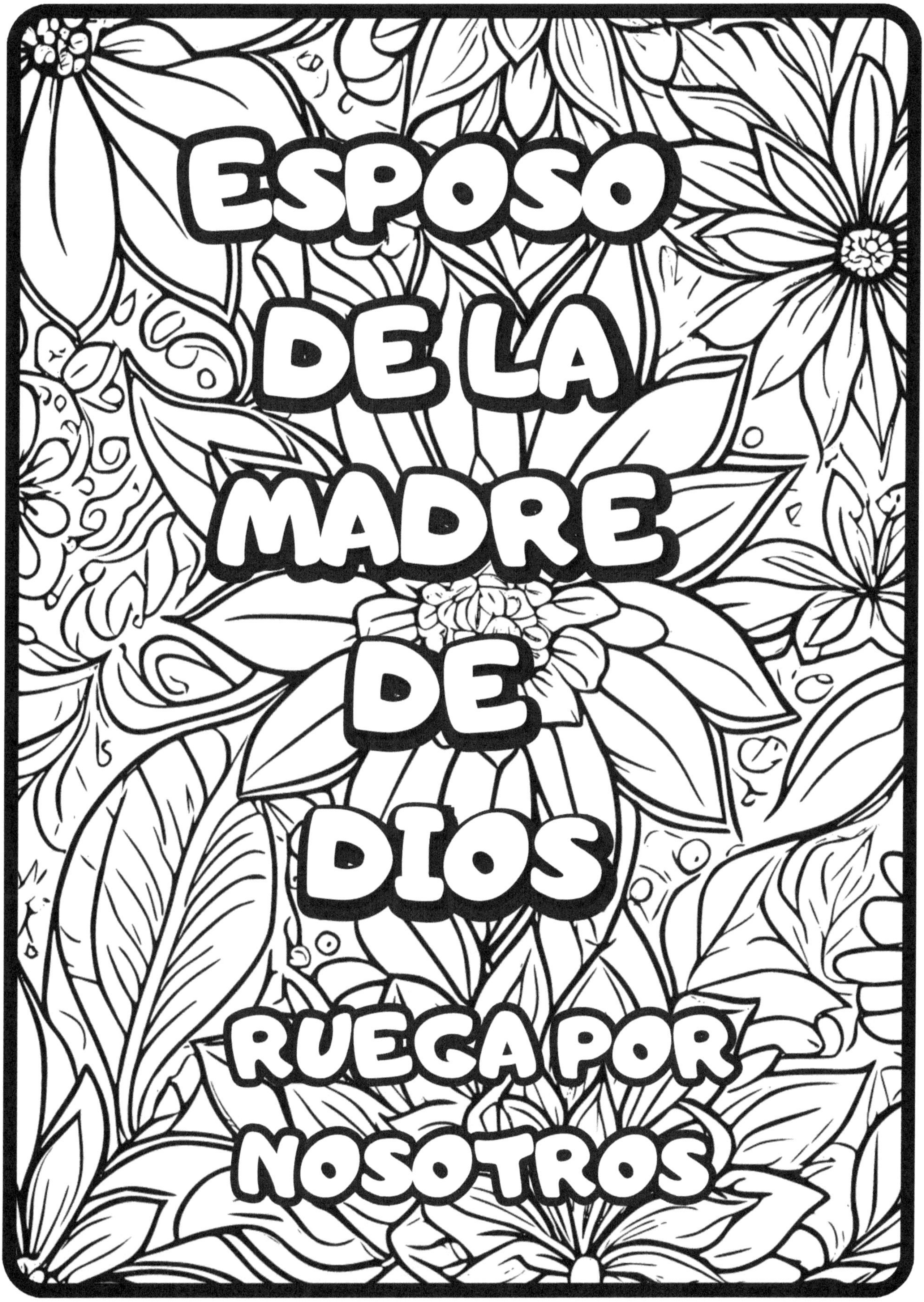
ESPOSO
DE LA
MADRE
DE
DIOS
RUEGA POR
NOSOTROS

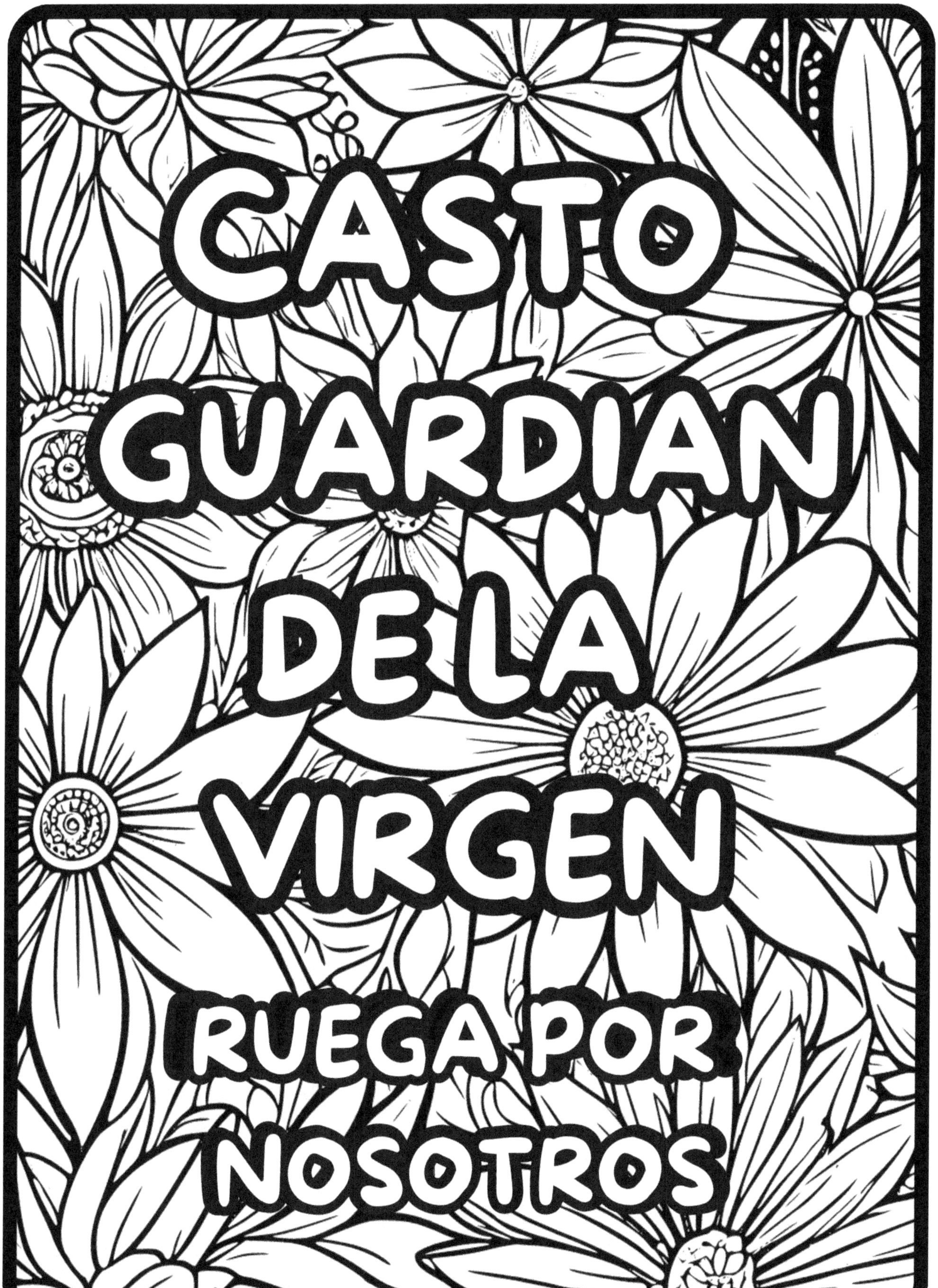
CASTO
GUARDIAN
DE LA
VIRGEN
RUEGA POR
NOSOTROS

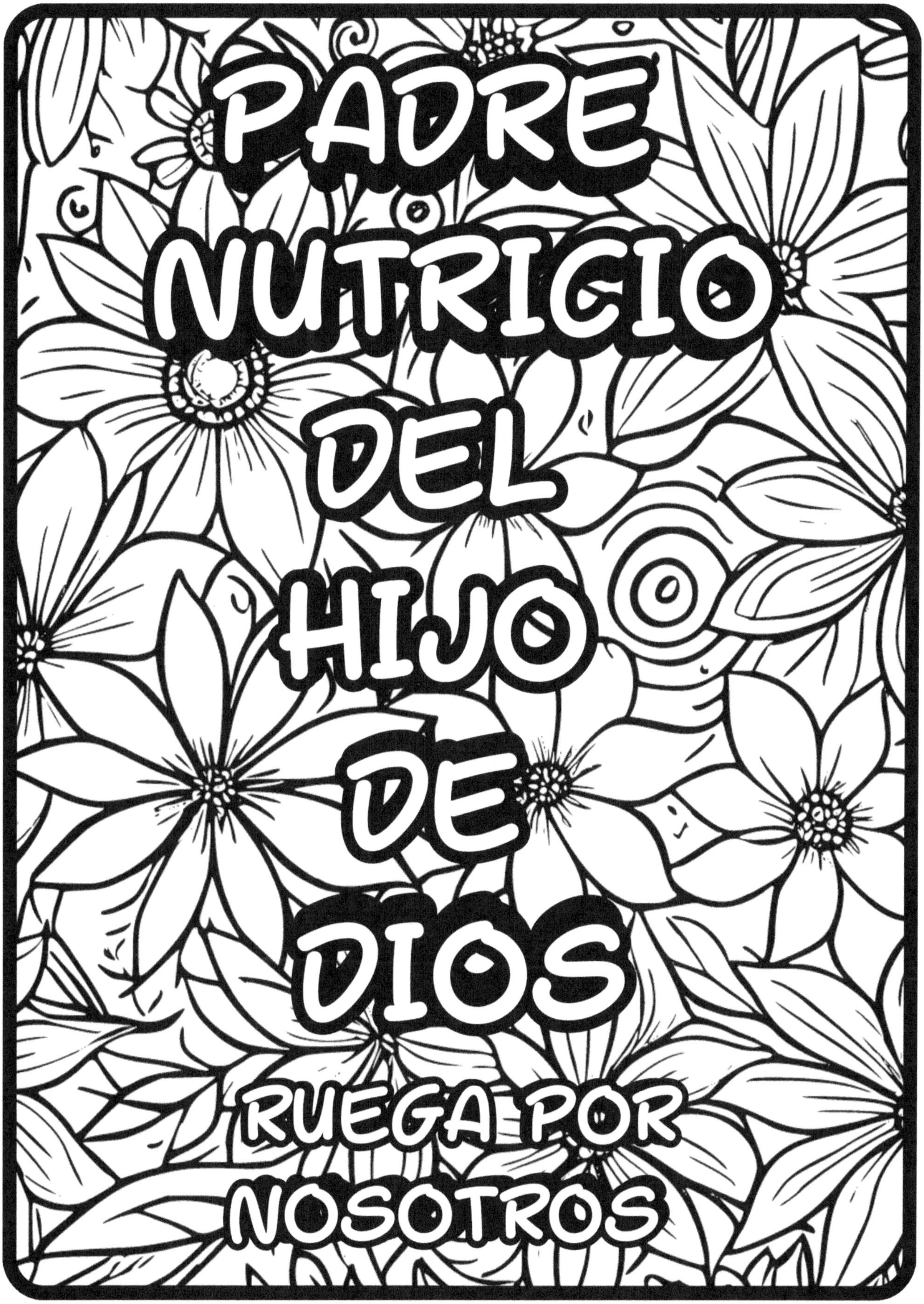
PADRE
NUTRICIO
DEL
HIJO
DE
DIOS
RUEGA POR
NOSOTROS

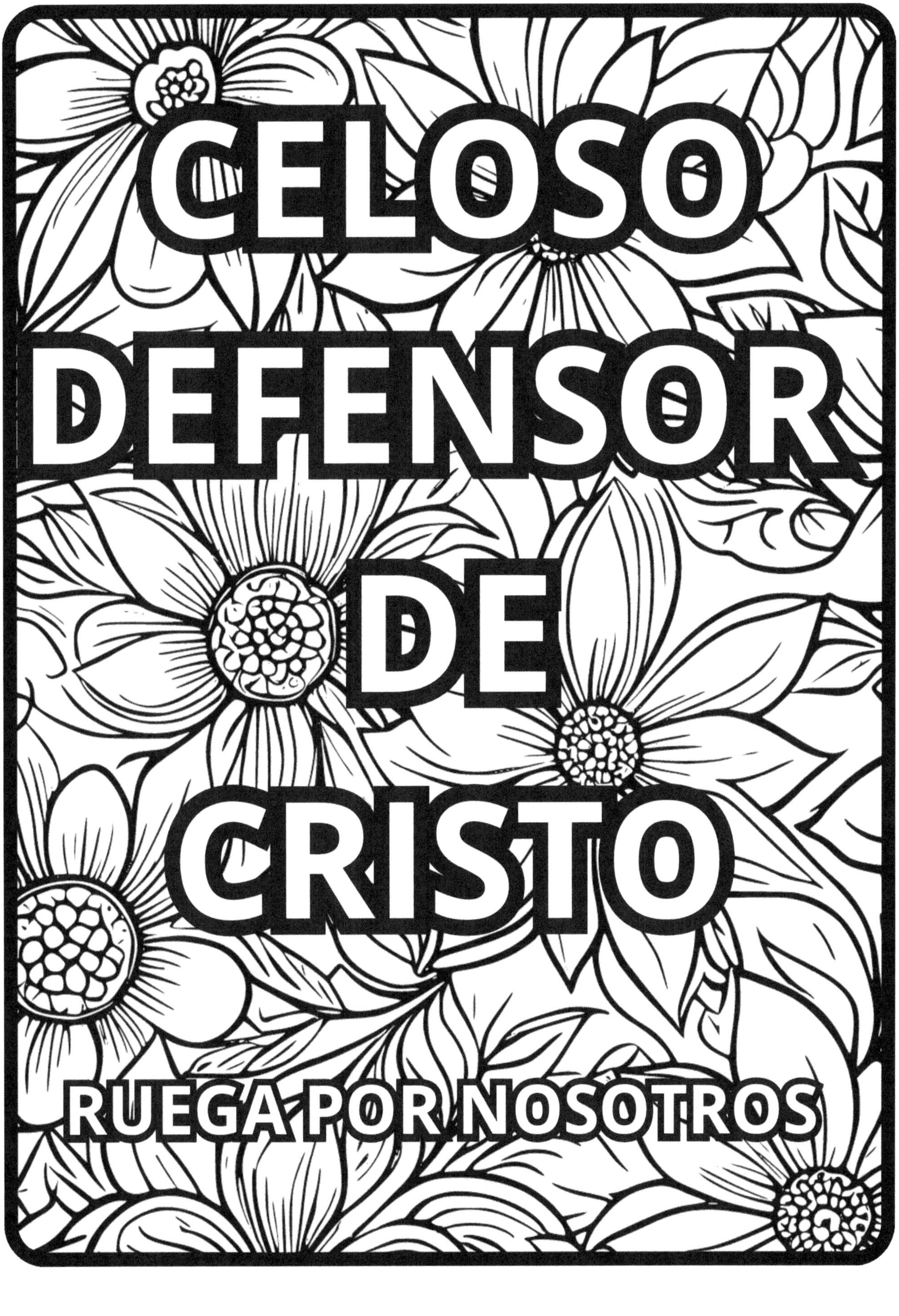
CELOSO
DEFENSOR
DE
CRISTO
RUEGA POR NOSOTROS

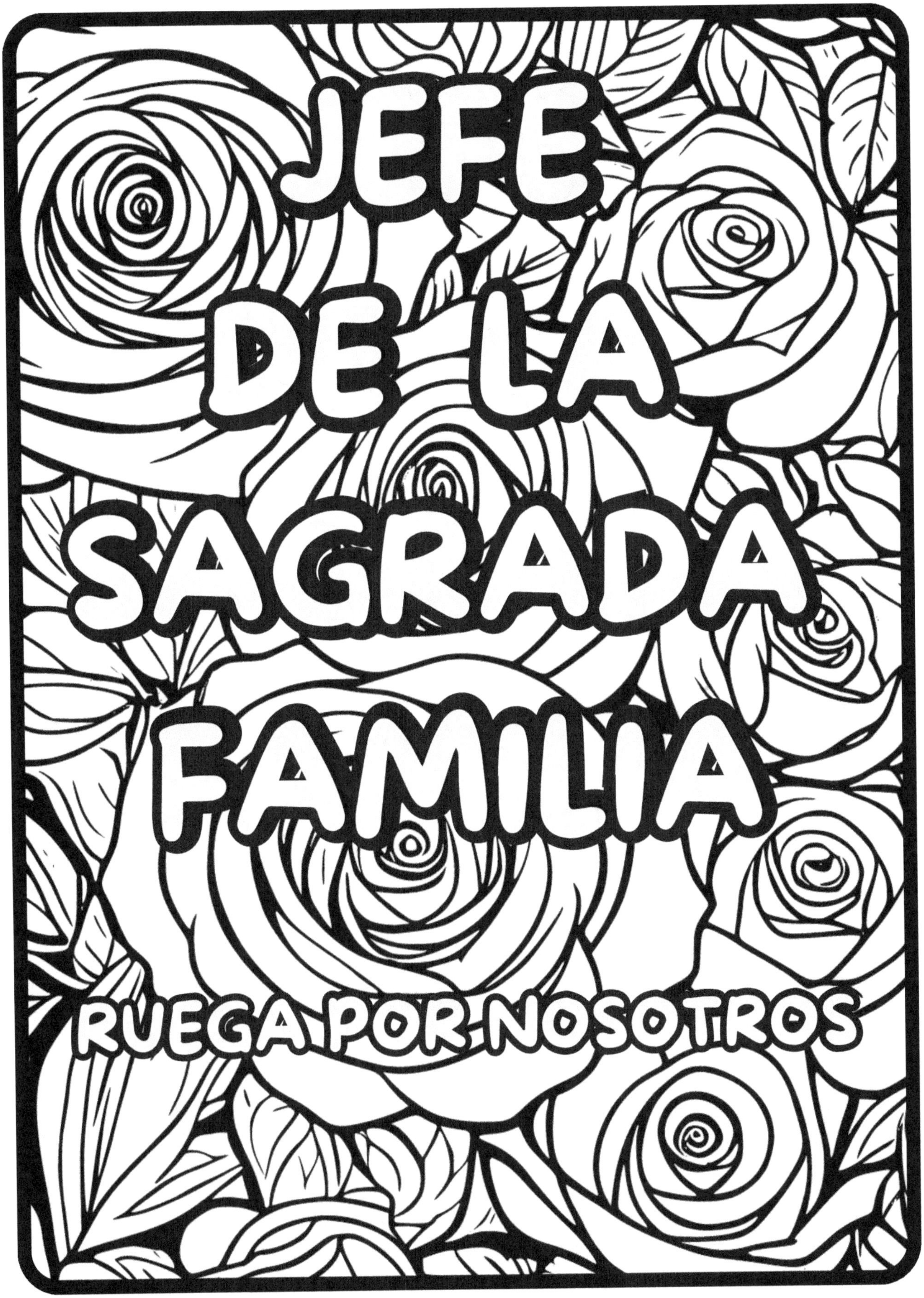
JEFE
DE LA
SAGRADA
FAMILIA
RUEGA POR NOSOTROS

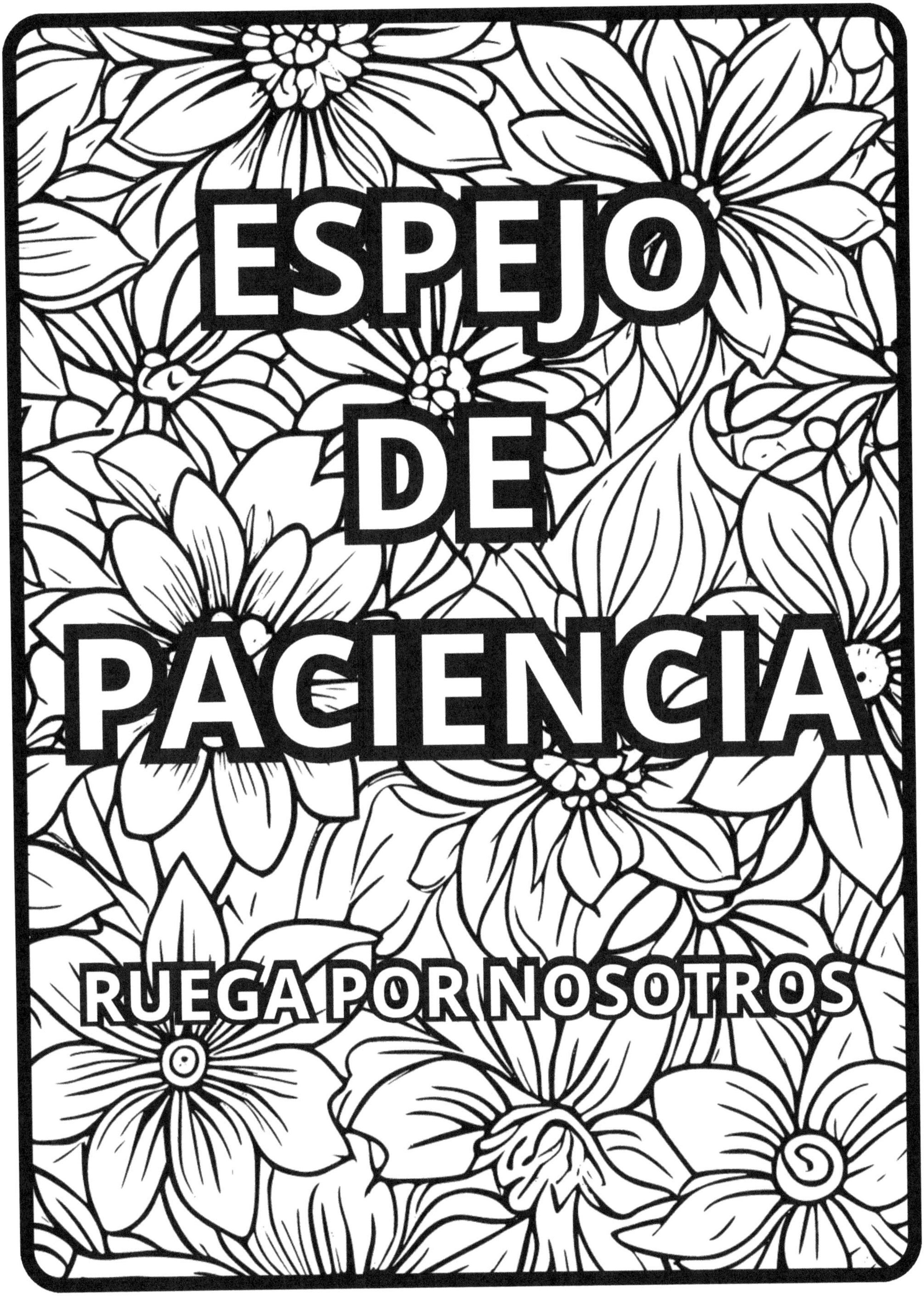
ESPEJO
DE
PACIENCIA
RUEGA POR NOSOTROS

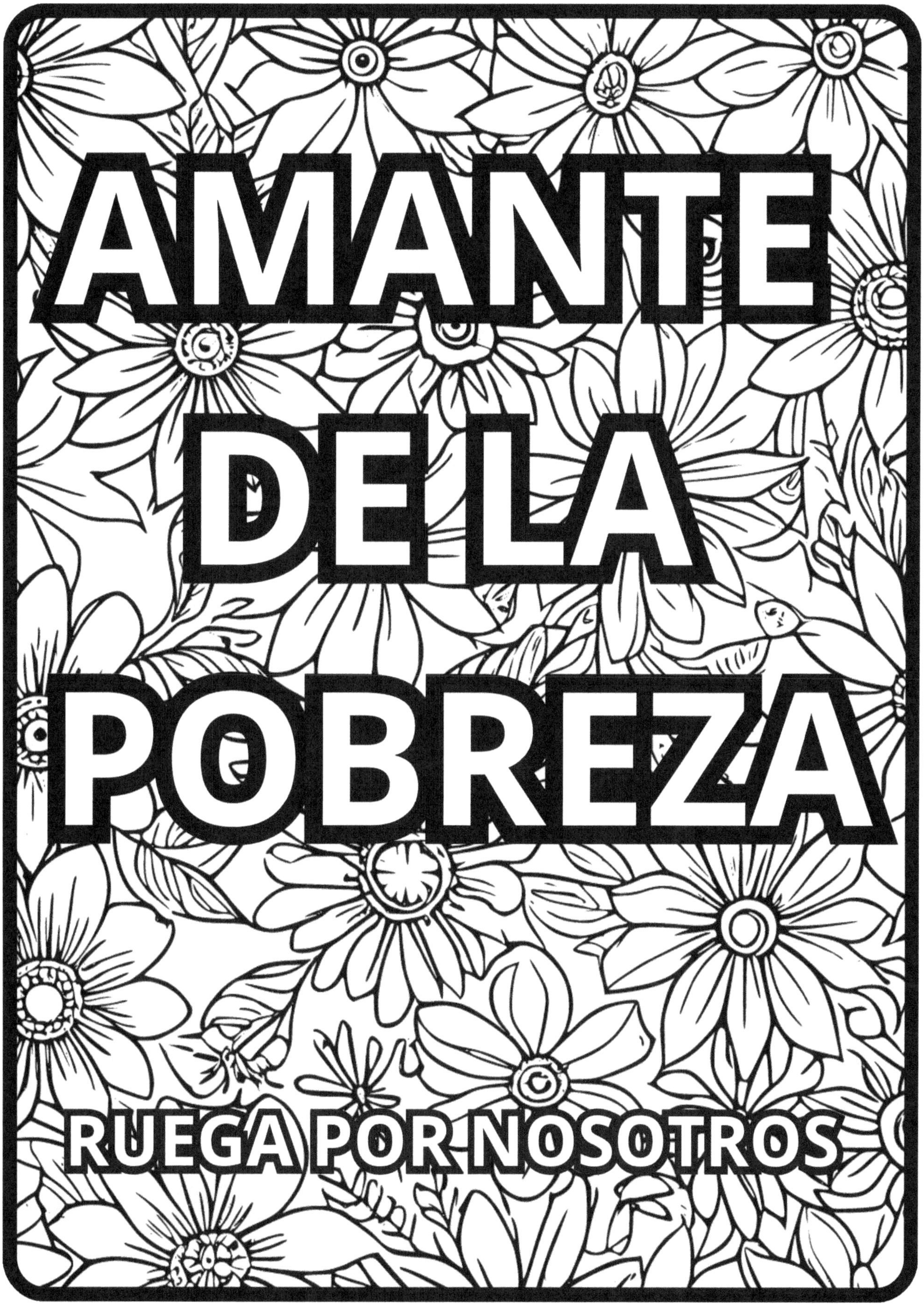
AMANTE
DE LA
POBREZA
RUEGA POR NOSOTROS

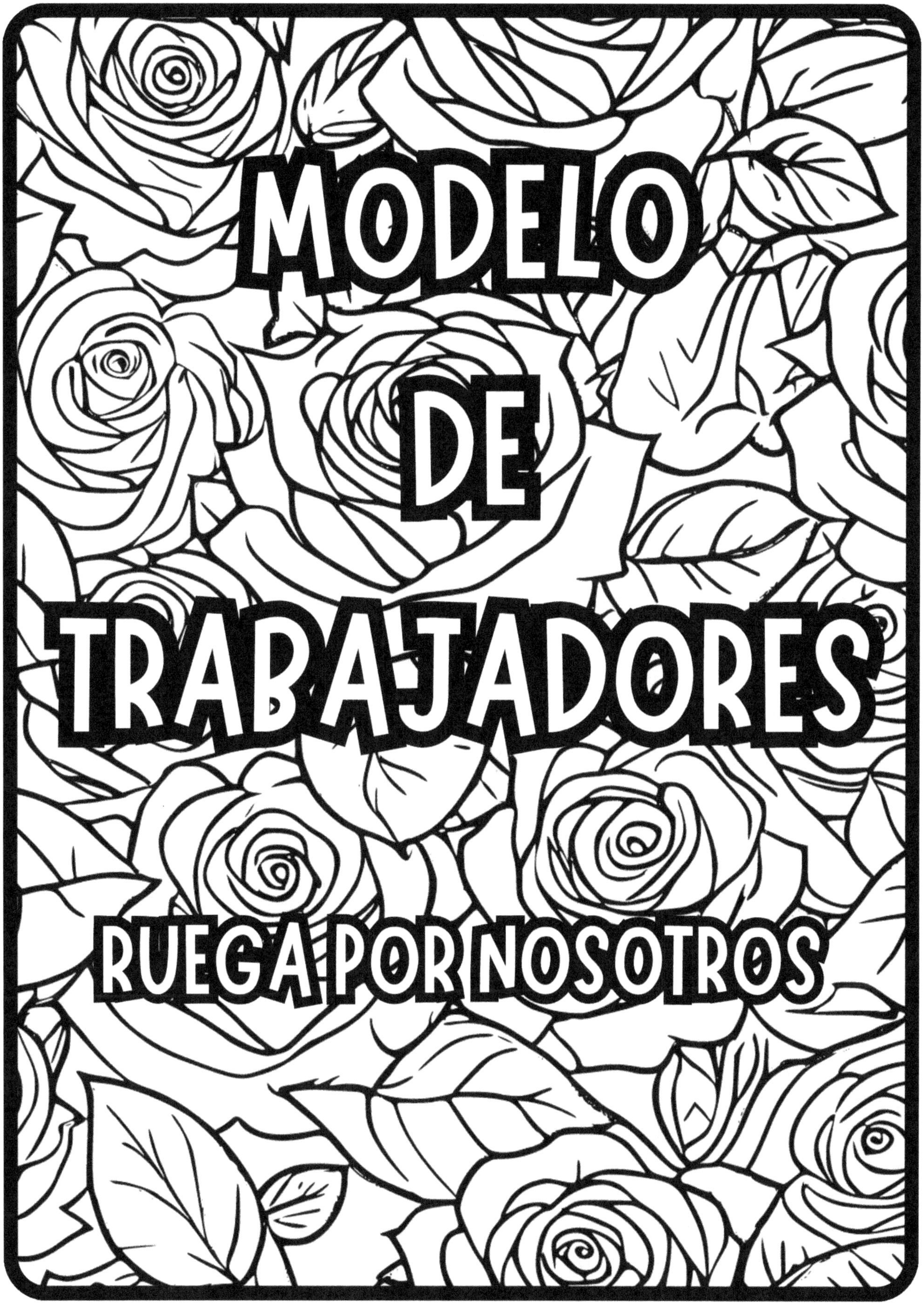
MODELO
DE
TRABAJADORES
RUEGA POR NOSOTROS

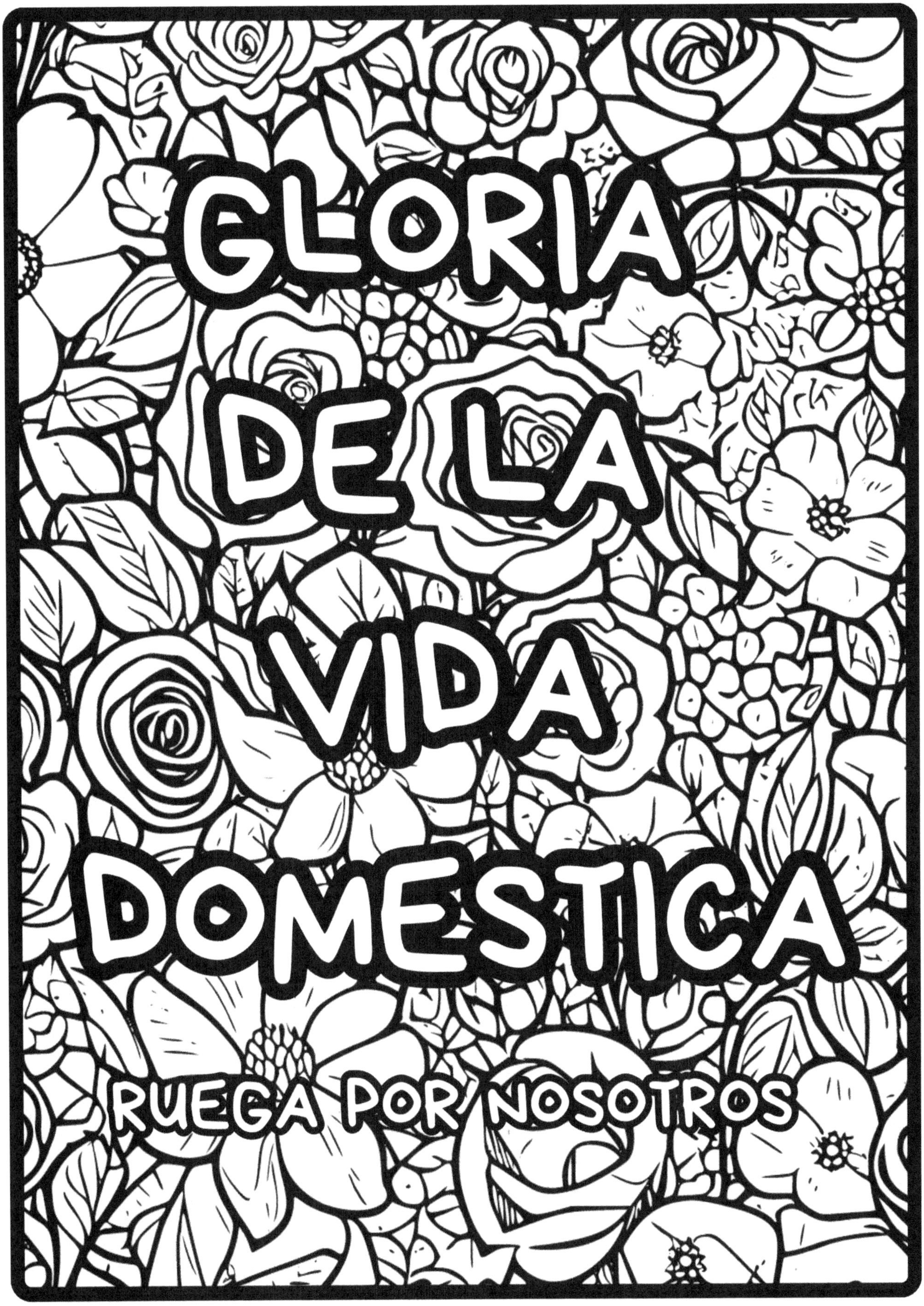
GLORIA
DE LA
VIDA
DOMESTICA
RUEGA POR NOSOTROS

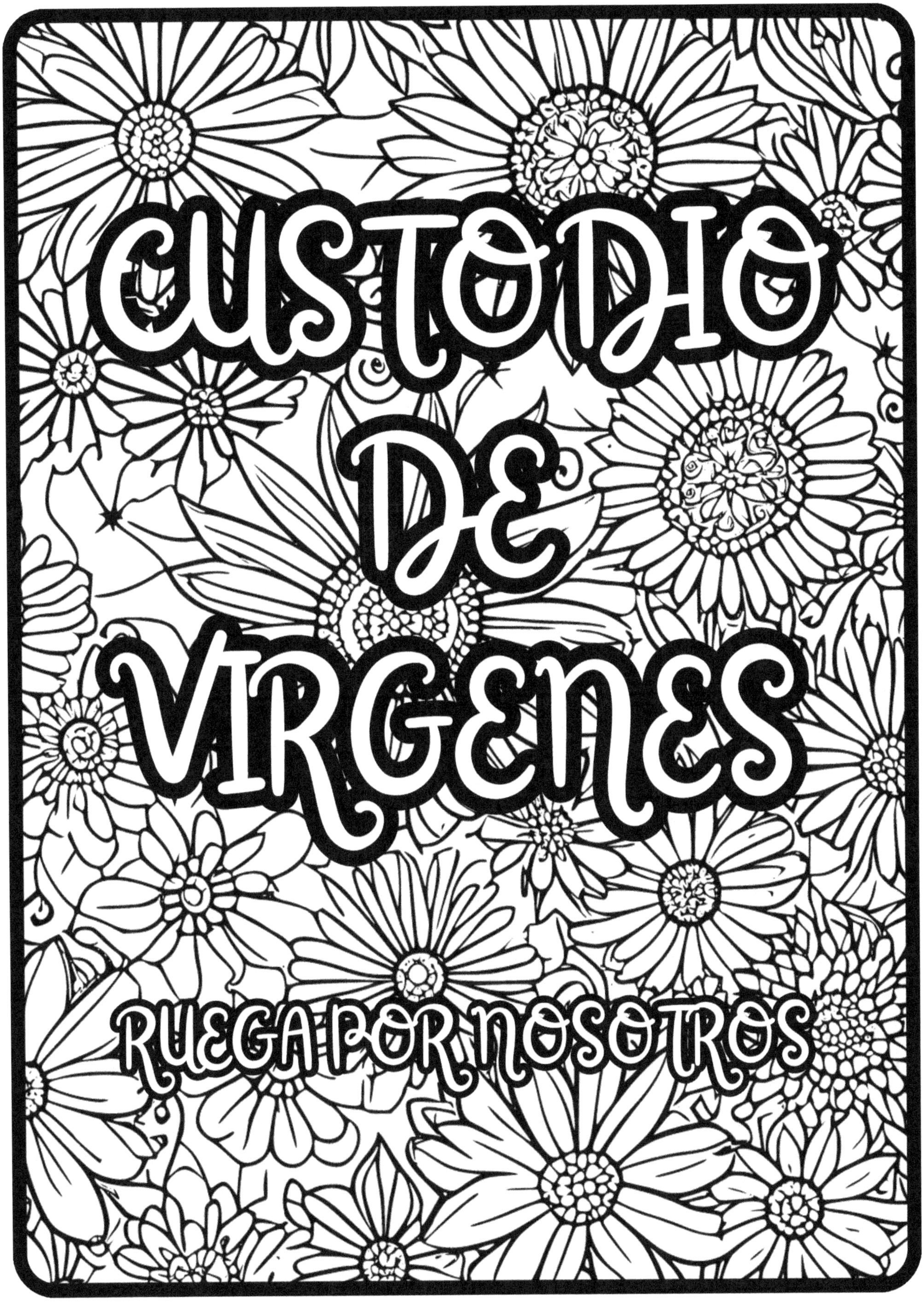
CUSTODIO
DE
VIRGENES
RUEGA POR NOSOTROS

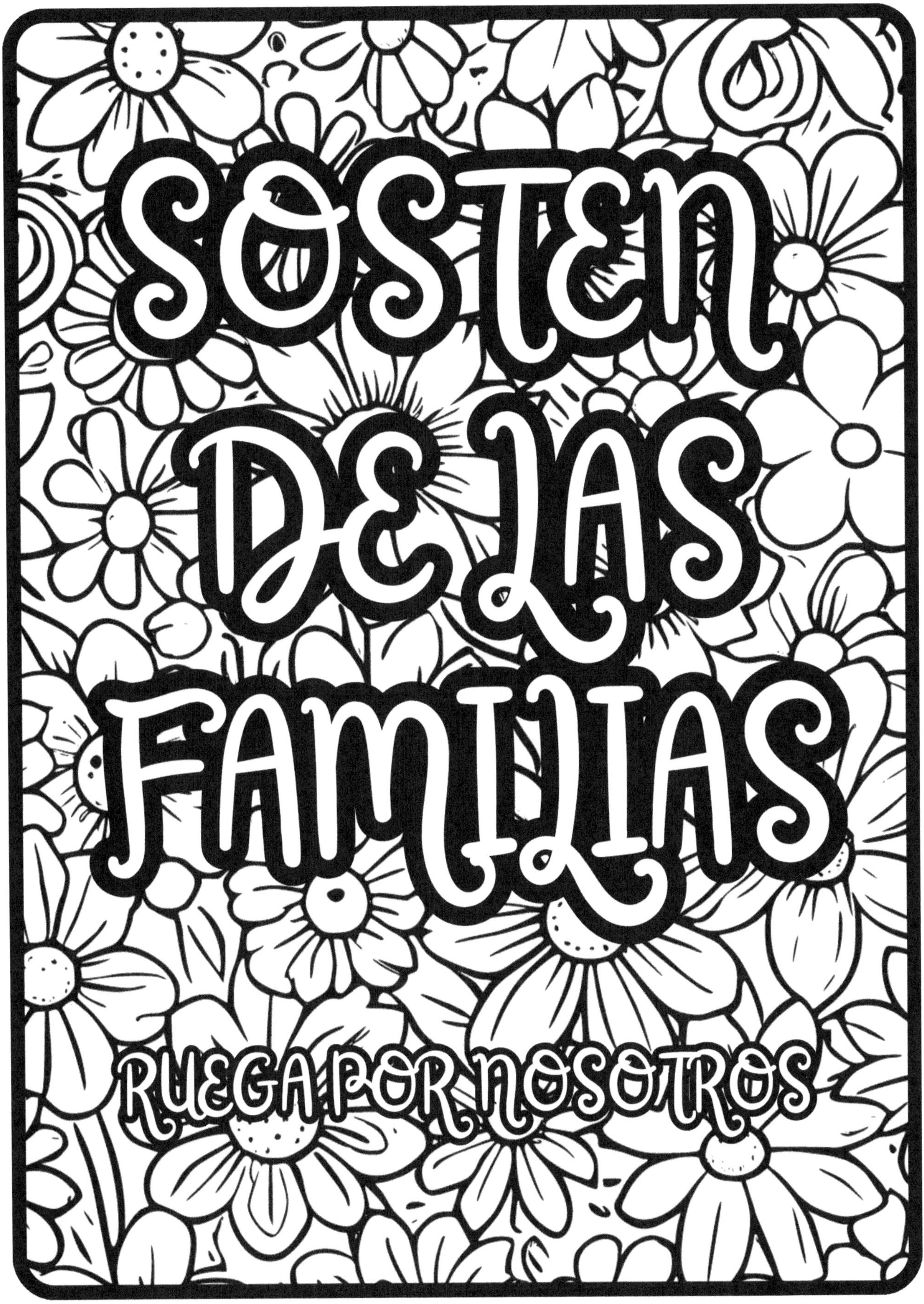
SOSTEN DE LAS FAMILIAS
RUEGA POR NOSOTROS

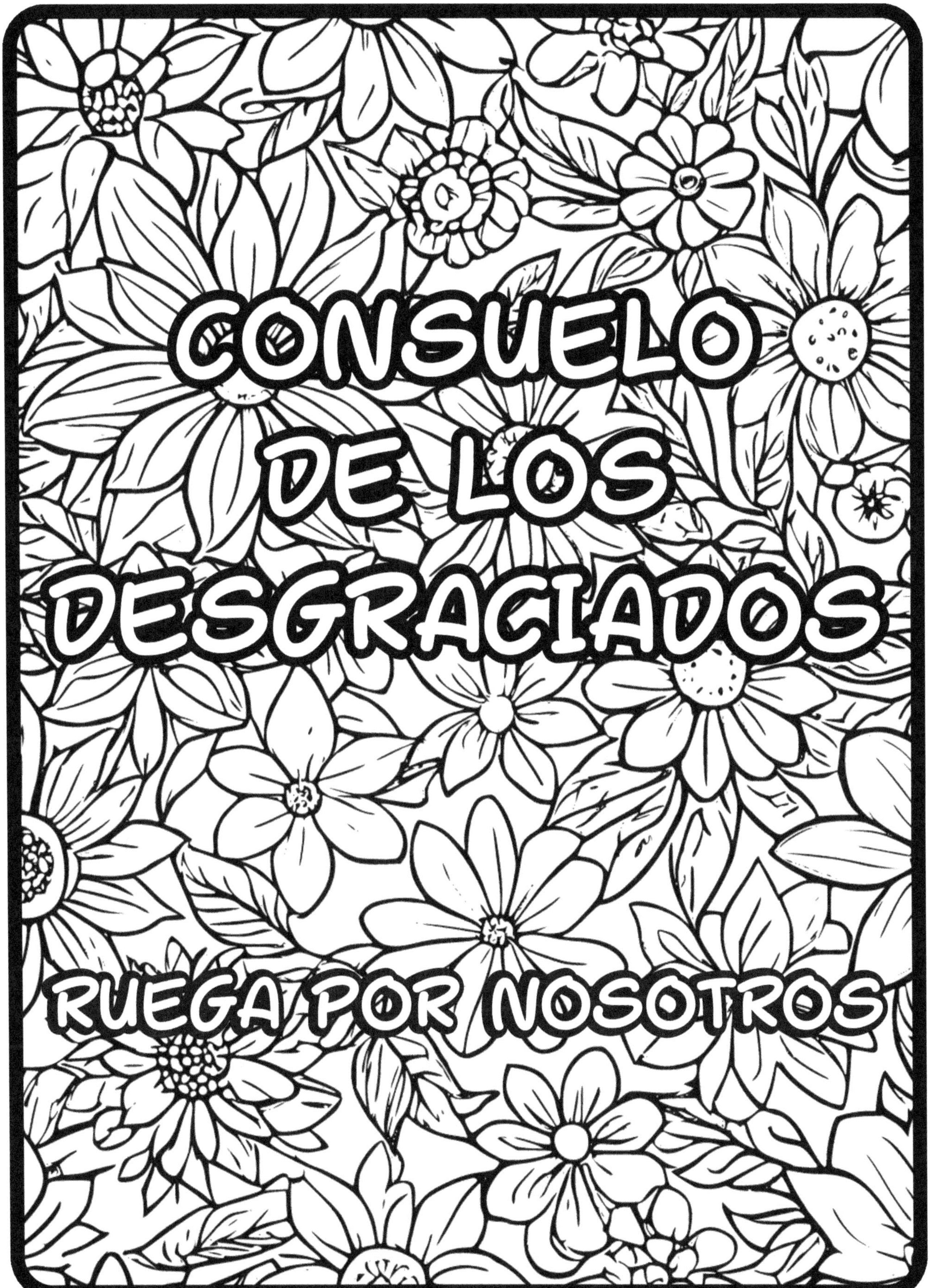
CONSUELO DE LOS DESGRACIADOS
RUEGA POR NOSOTROS

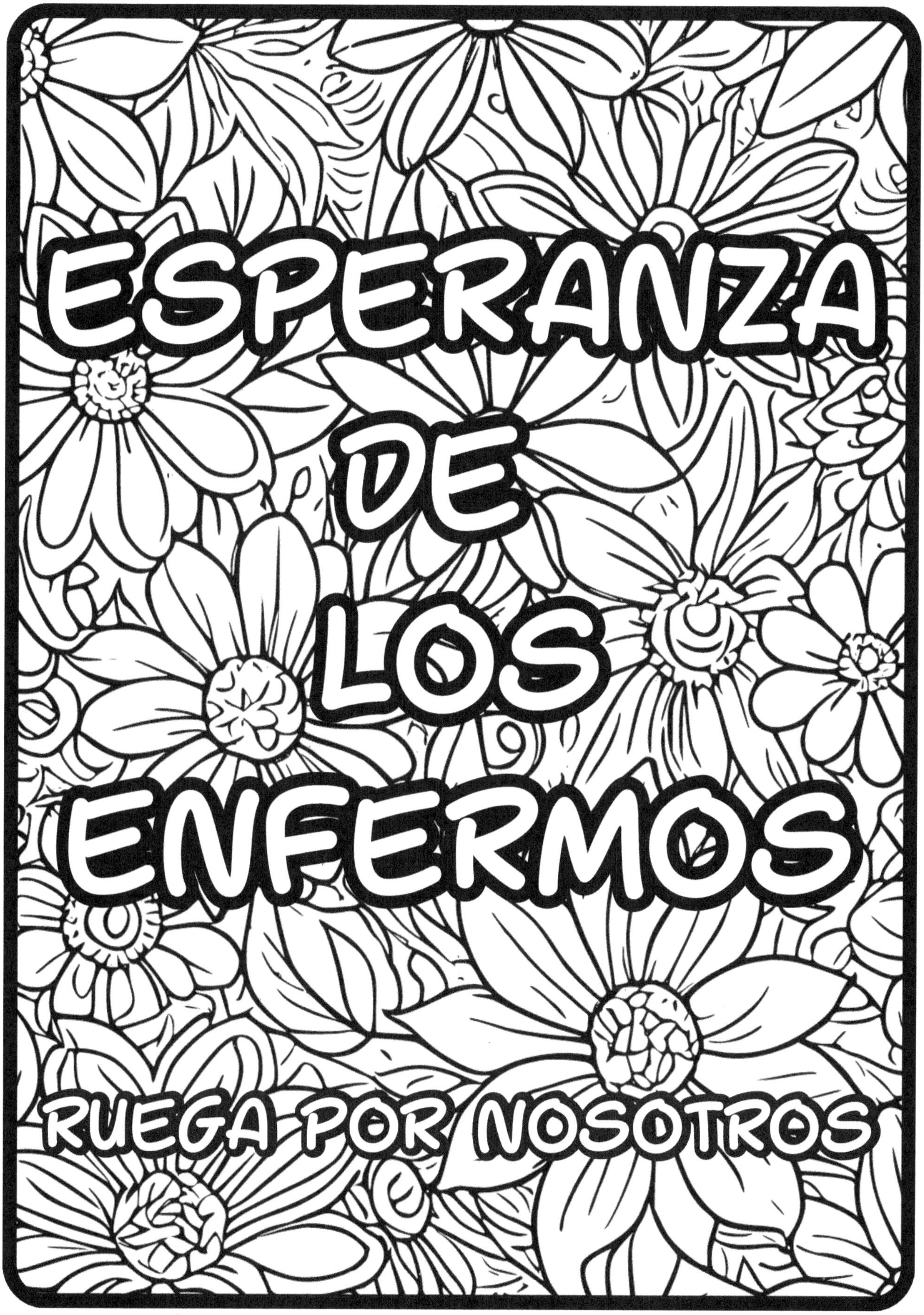
ESPERANZA
DE
LOS
ENFERMOS
RUEGA POR NOSOTROS

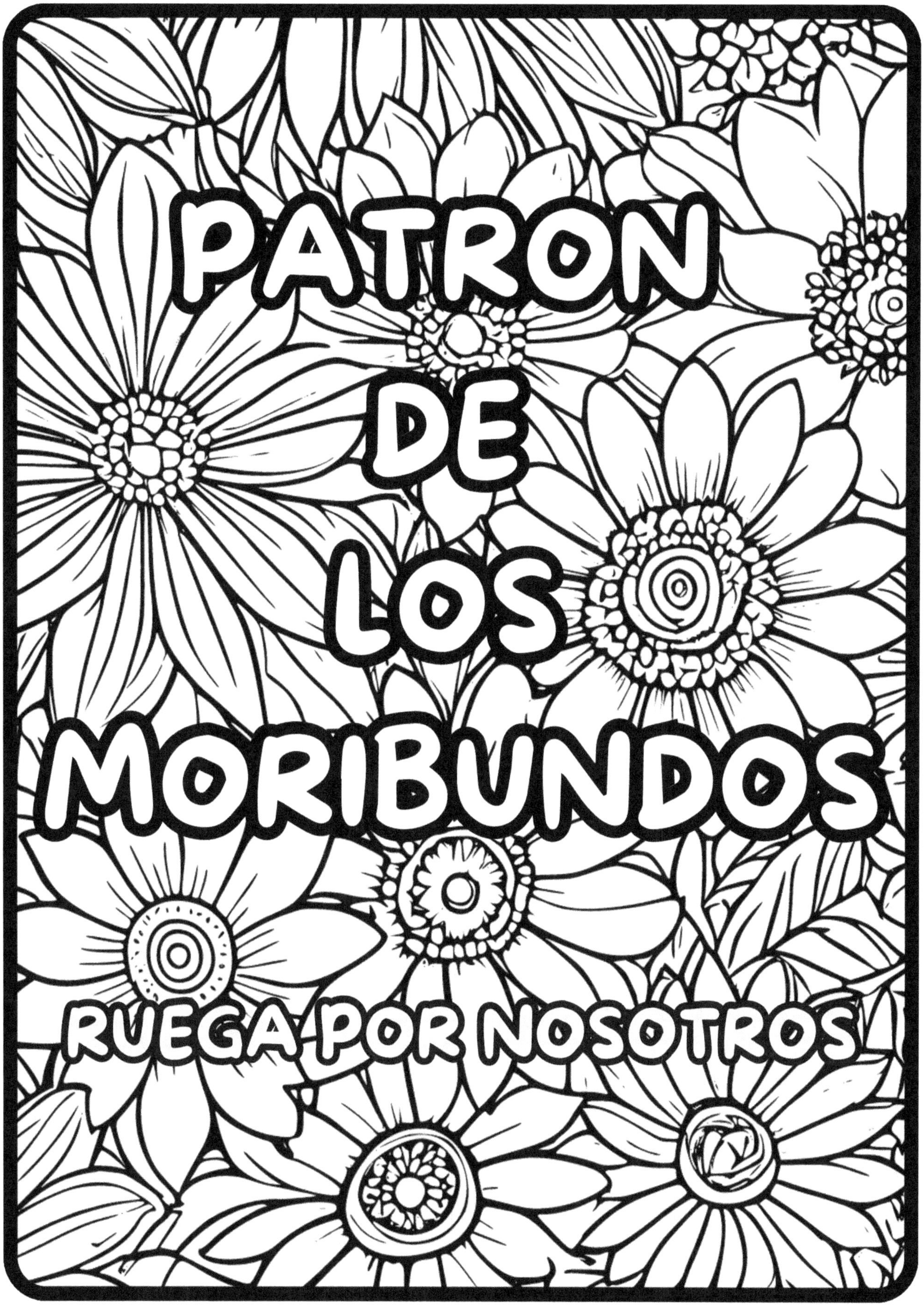
PATRON
DE
LOS
MORIBUNDOS
RUEGA POR NOSOTROS

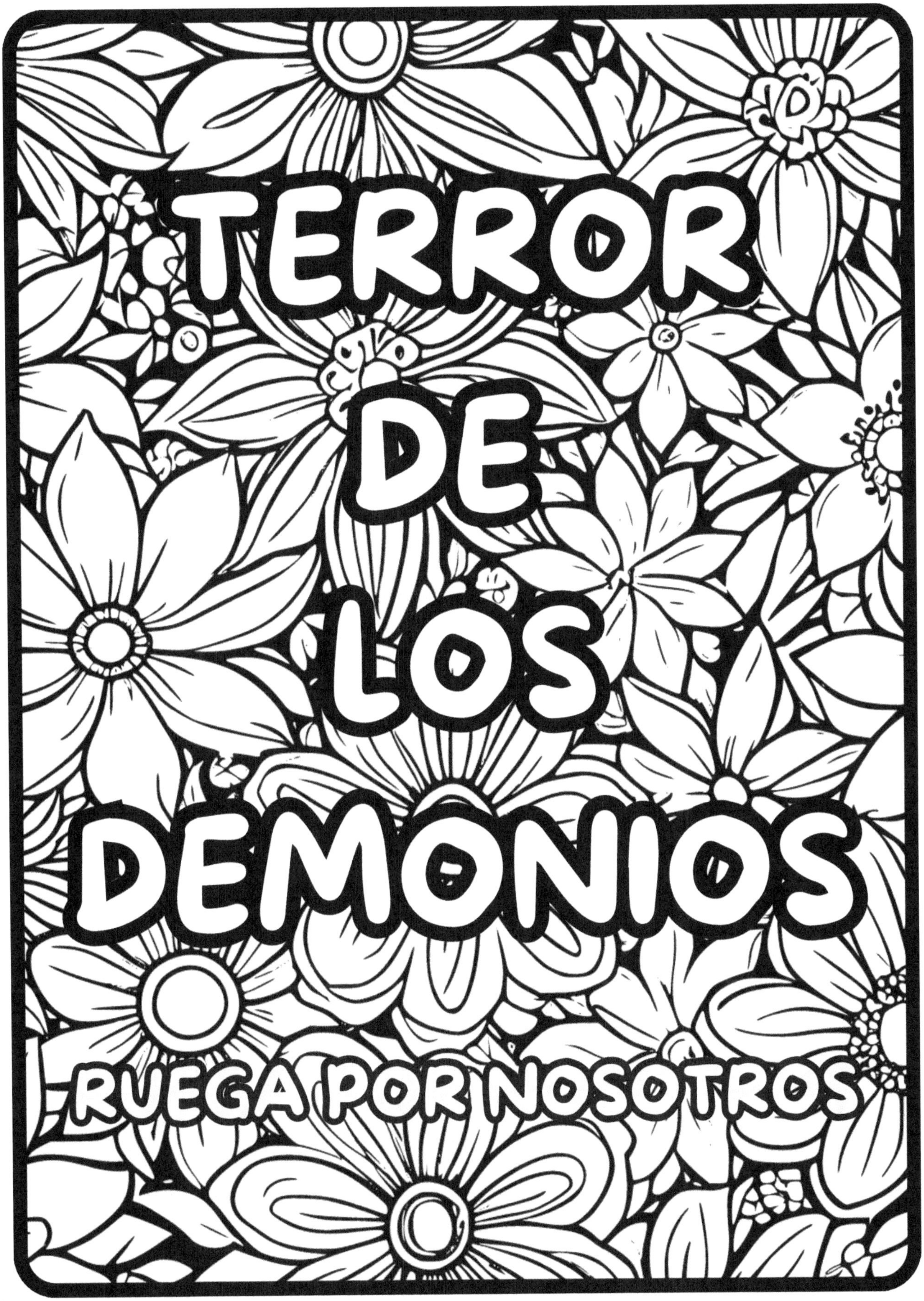
TERROR
DE
LOS
DEMONIOS
RUEGA POR NOSOTROS

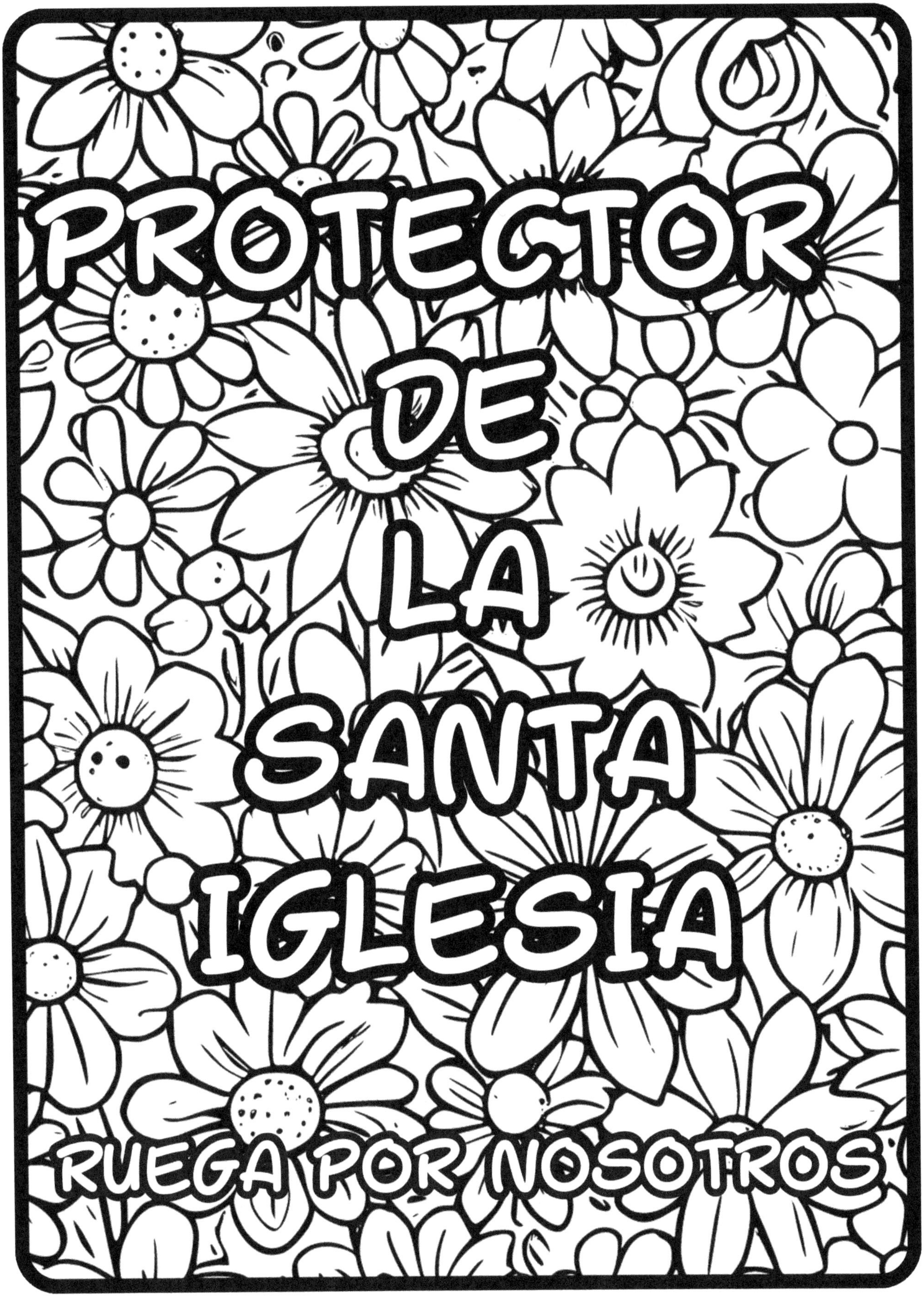
PROTECTOR
DE
LA
SANTA
IGLESIA
RUEGA POR NOSOTROS

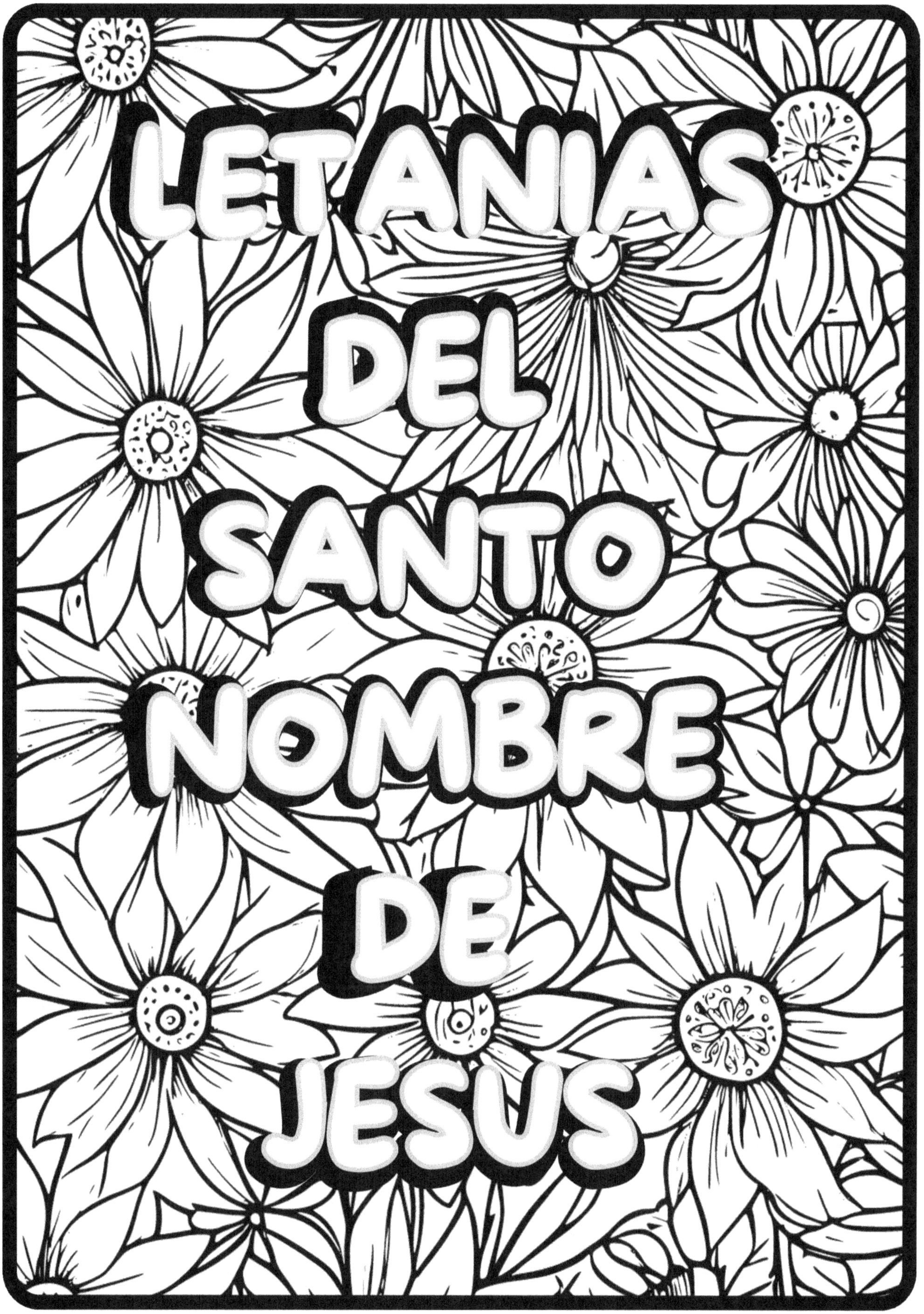
LETANIAS
DEL
SANTO
NOMBRE
DE
JESUS

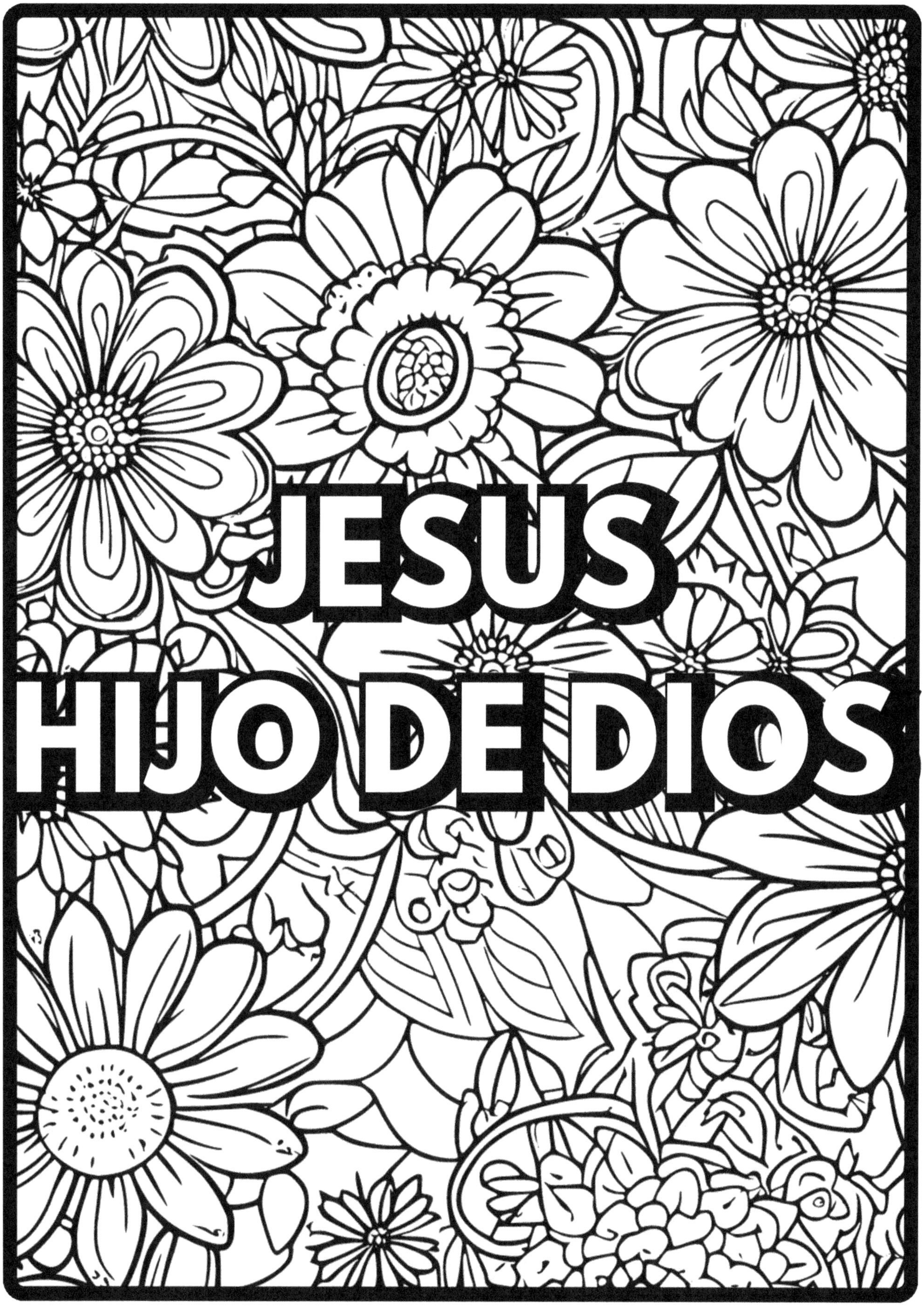
JESUS
HIJO DE DIOS

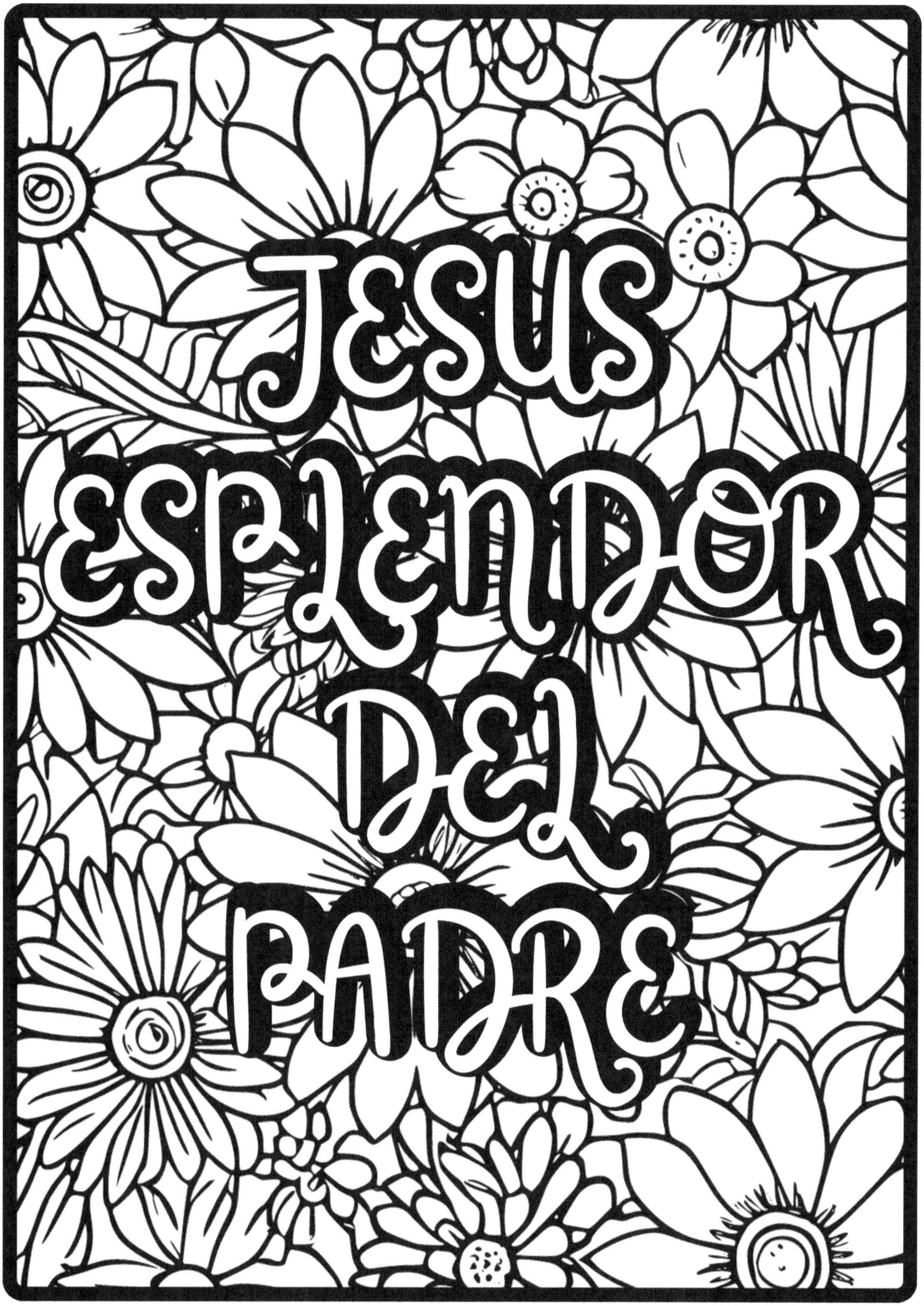
JESUS
ESPLENDOR
DEL
PADRE

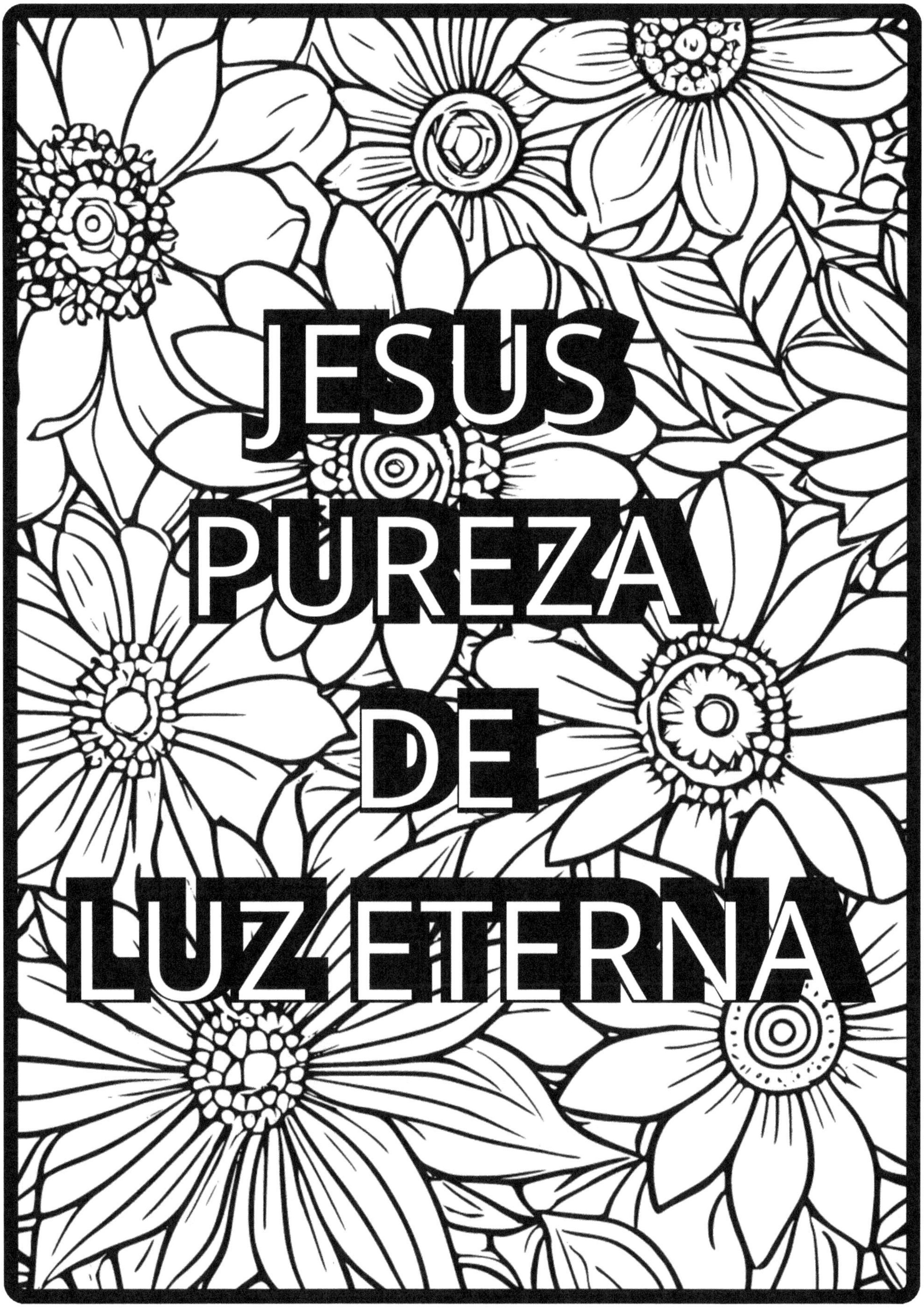
JESUS
PUREZA
DE
LUZ ETERNA

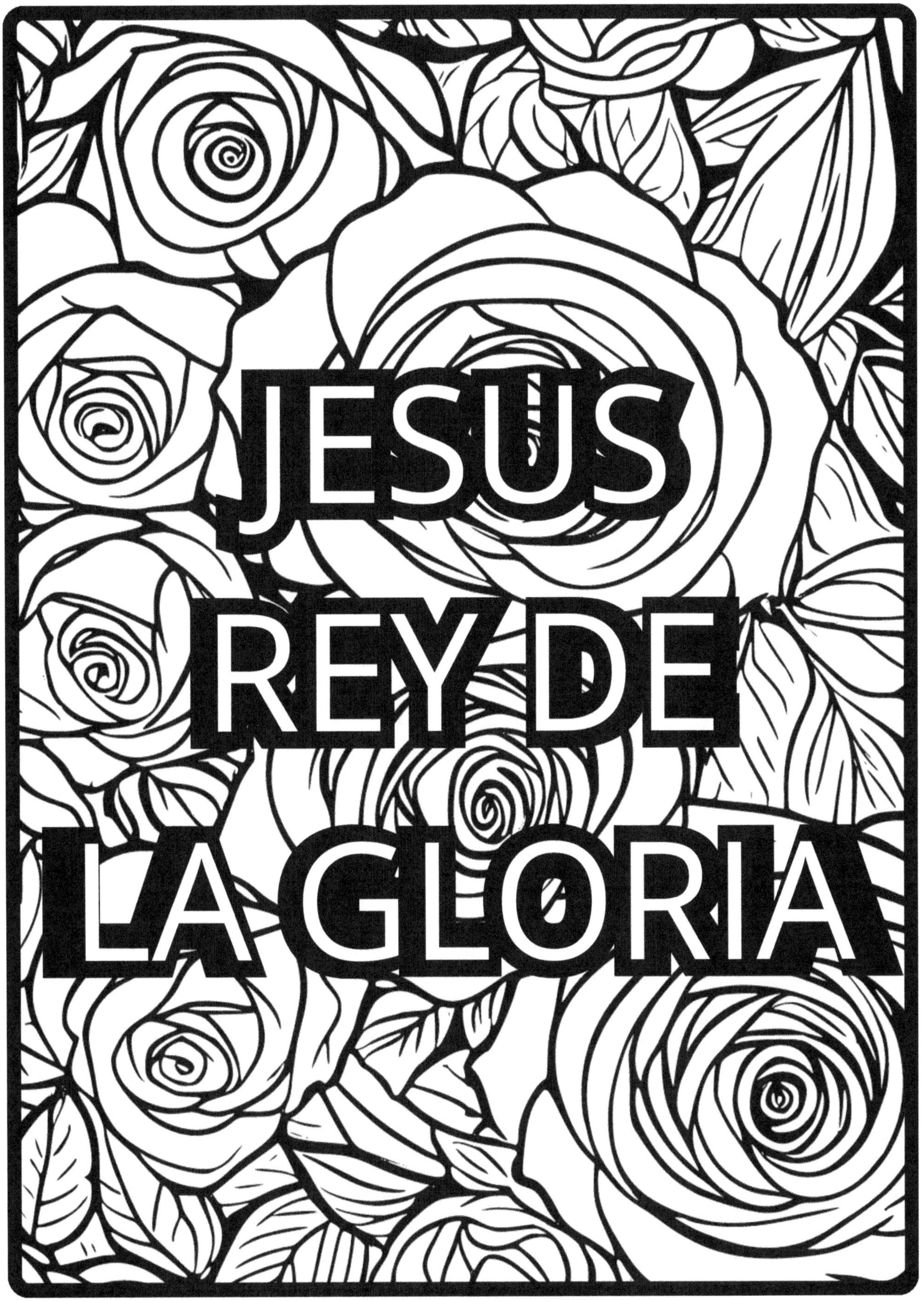
JESUS
REY DE
LA GLORIA

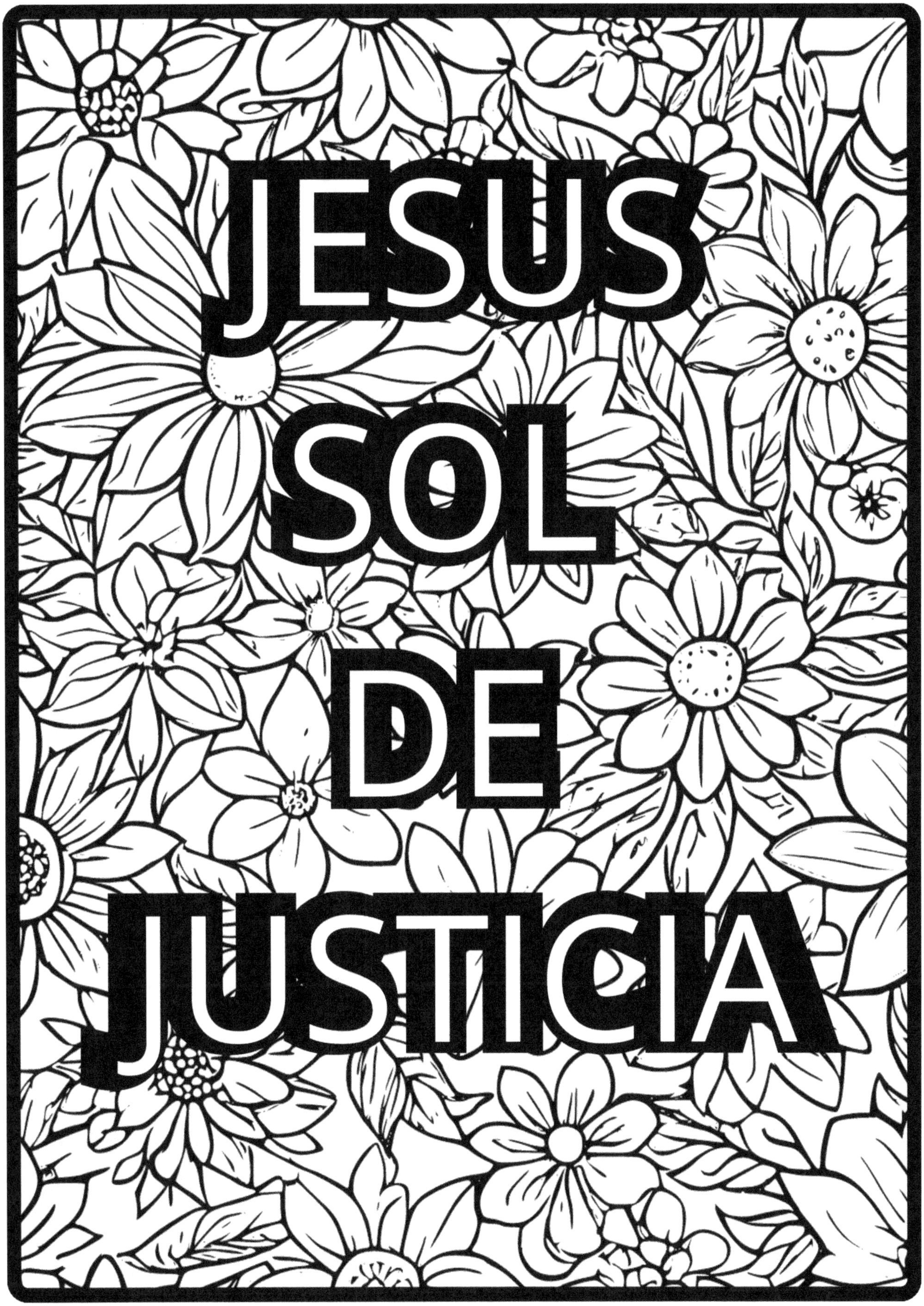
JESUS
SOL
DE
JUSTICIA

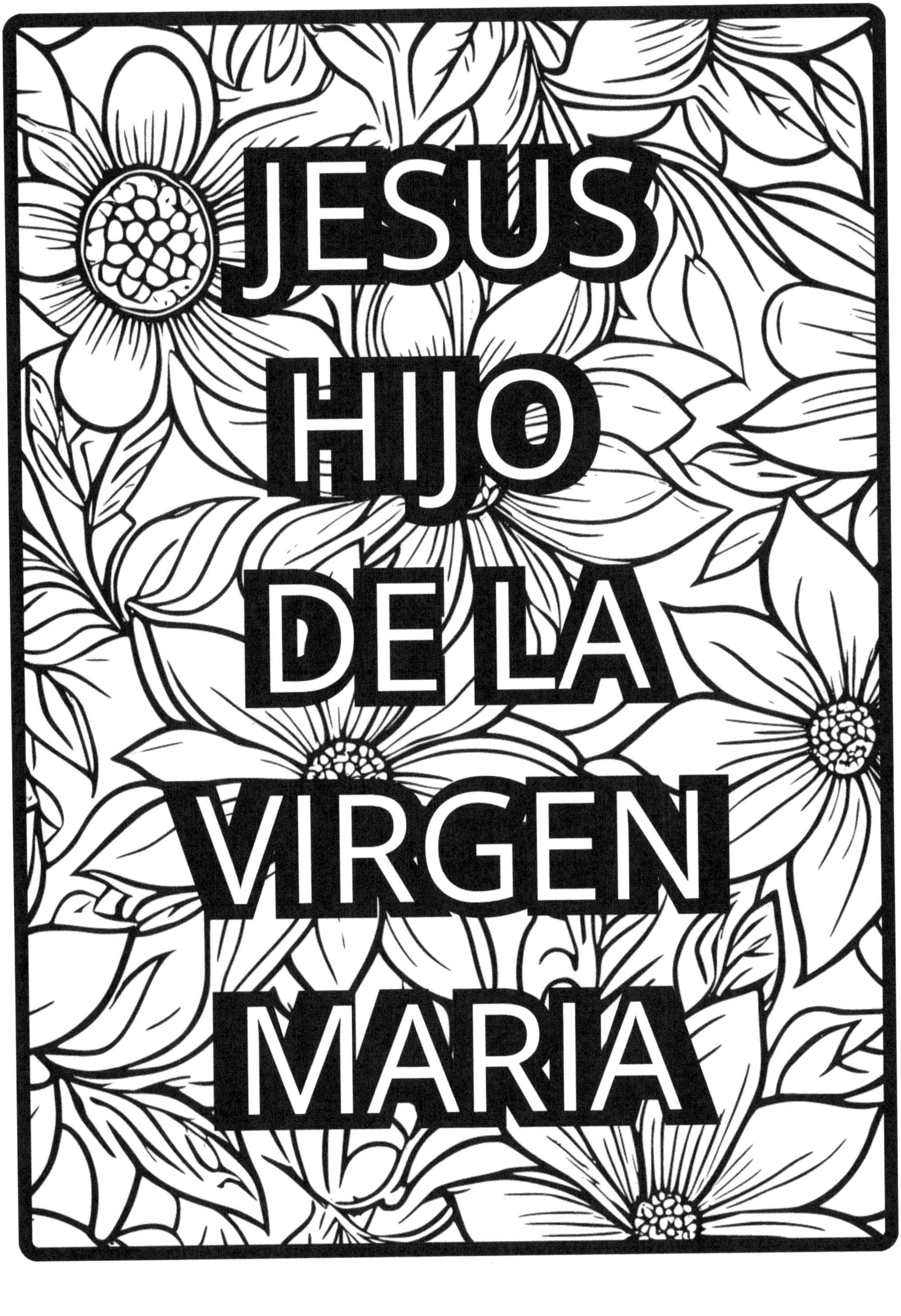
JESUS
HIJO
DE LA
VIRGEN
MARIA

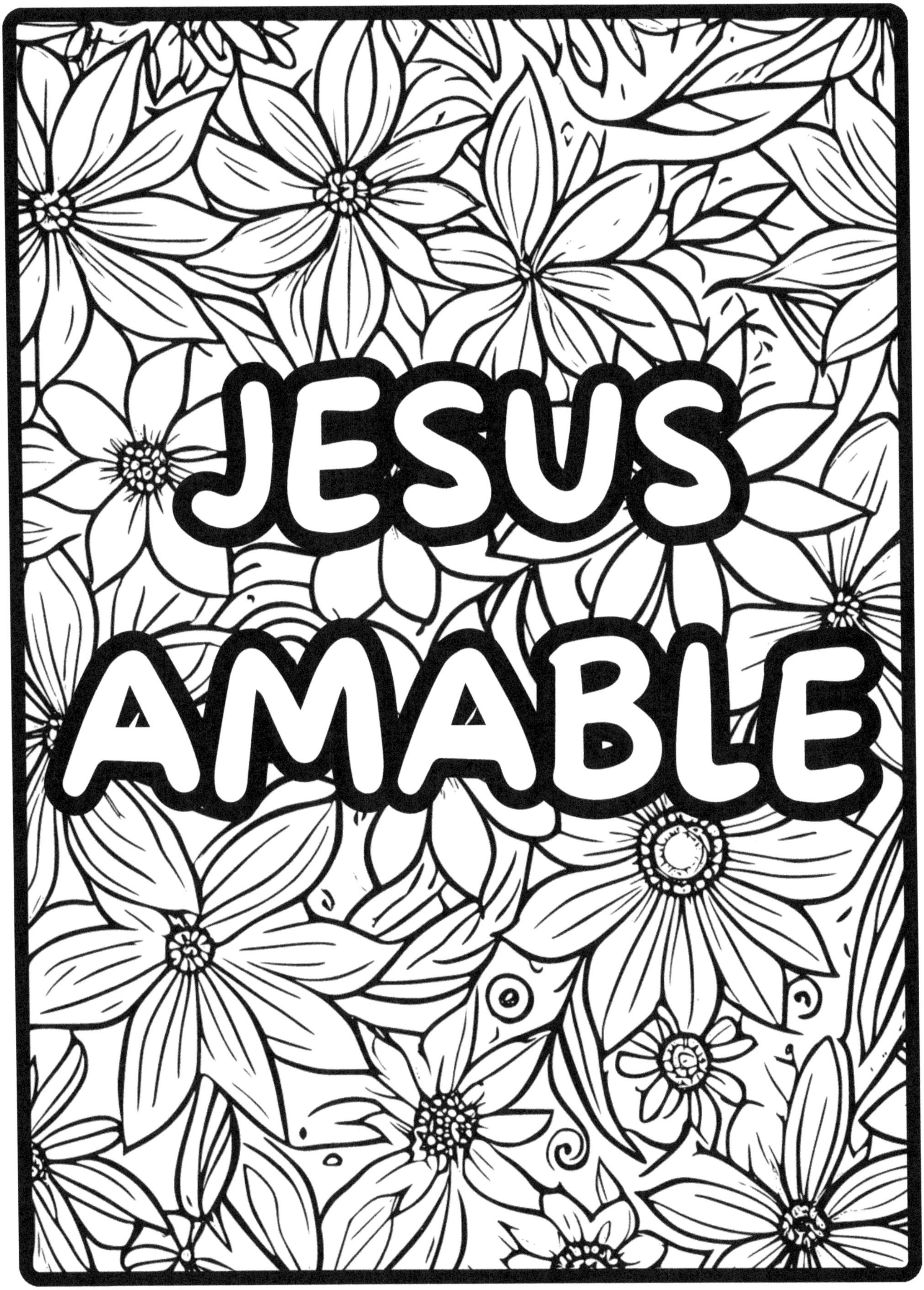
JESUS
AMABLE

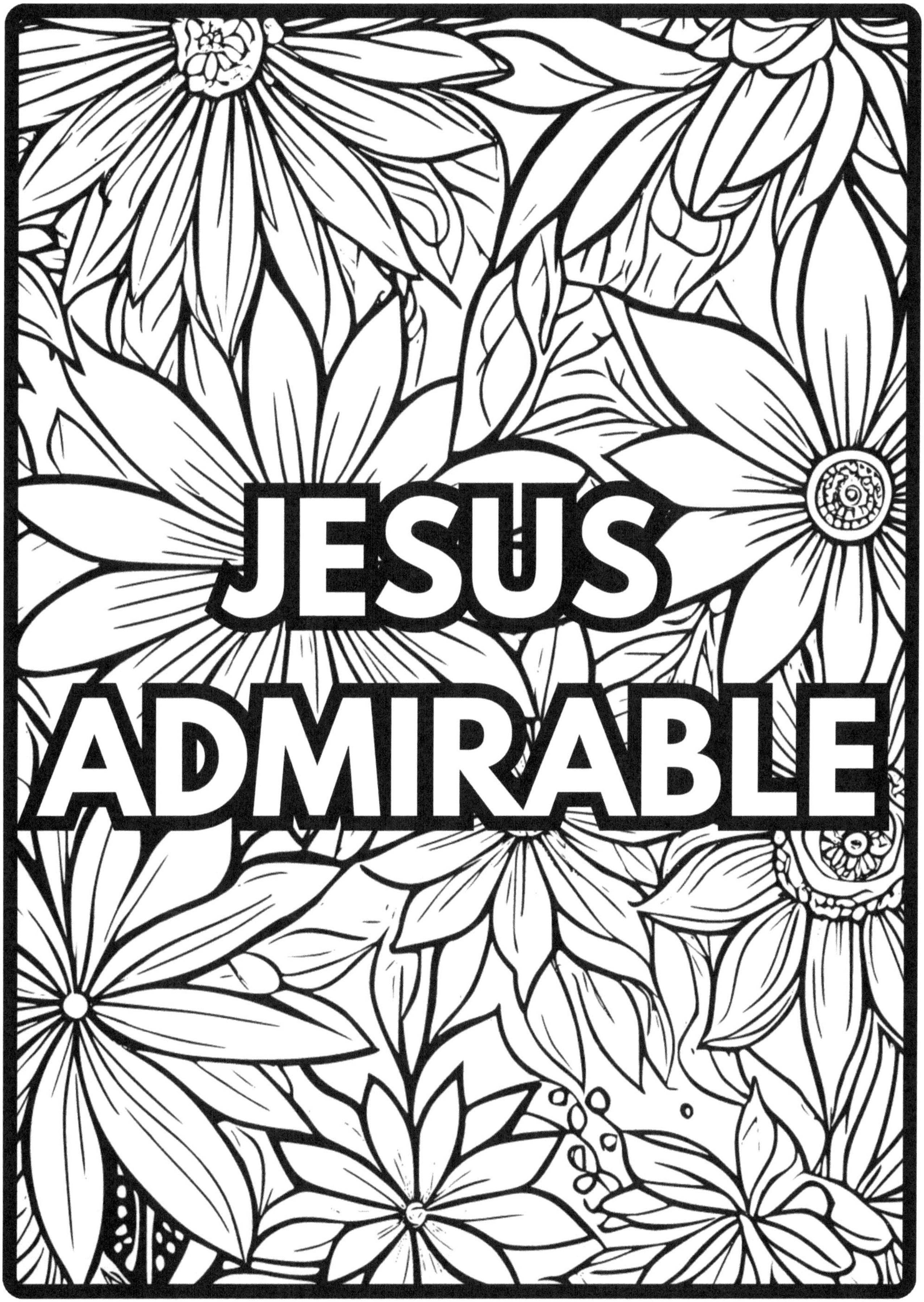
JESUS
ADMIRABLE

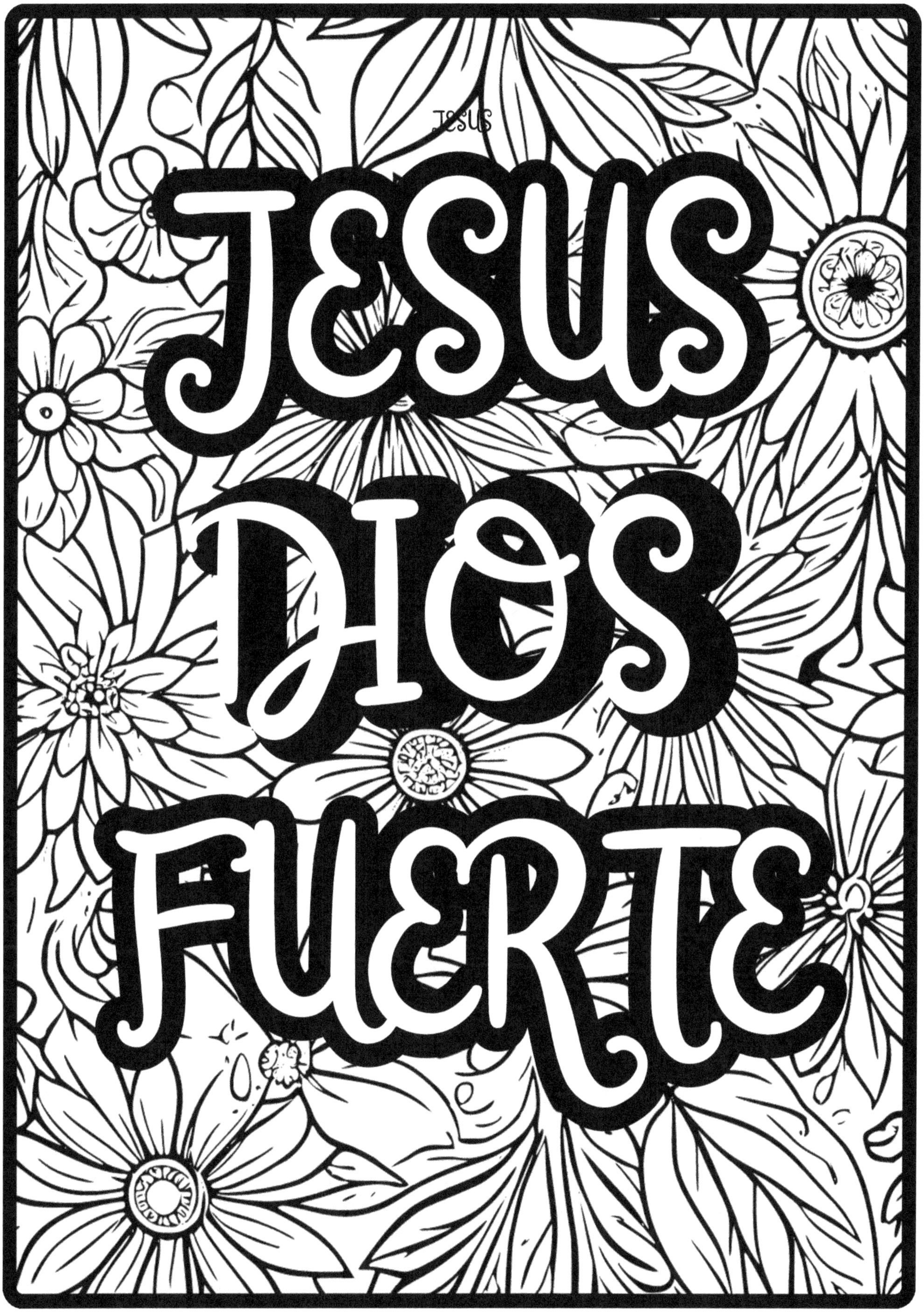
JESUS
JESUS
DIOS
FUERTE

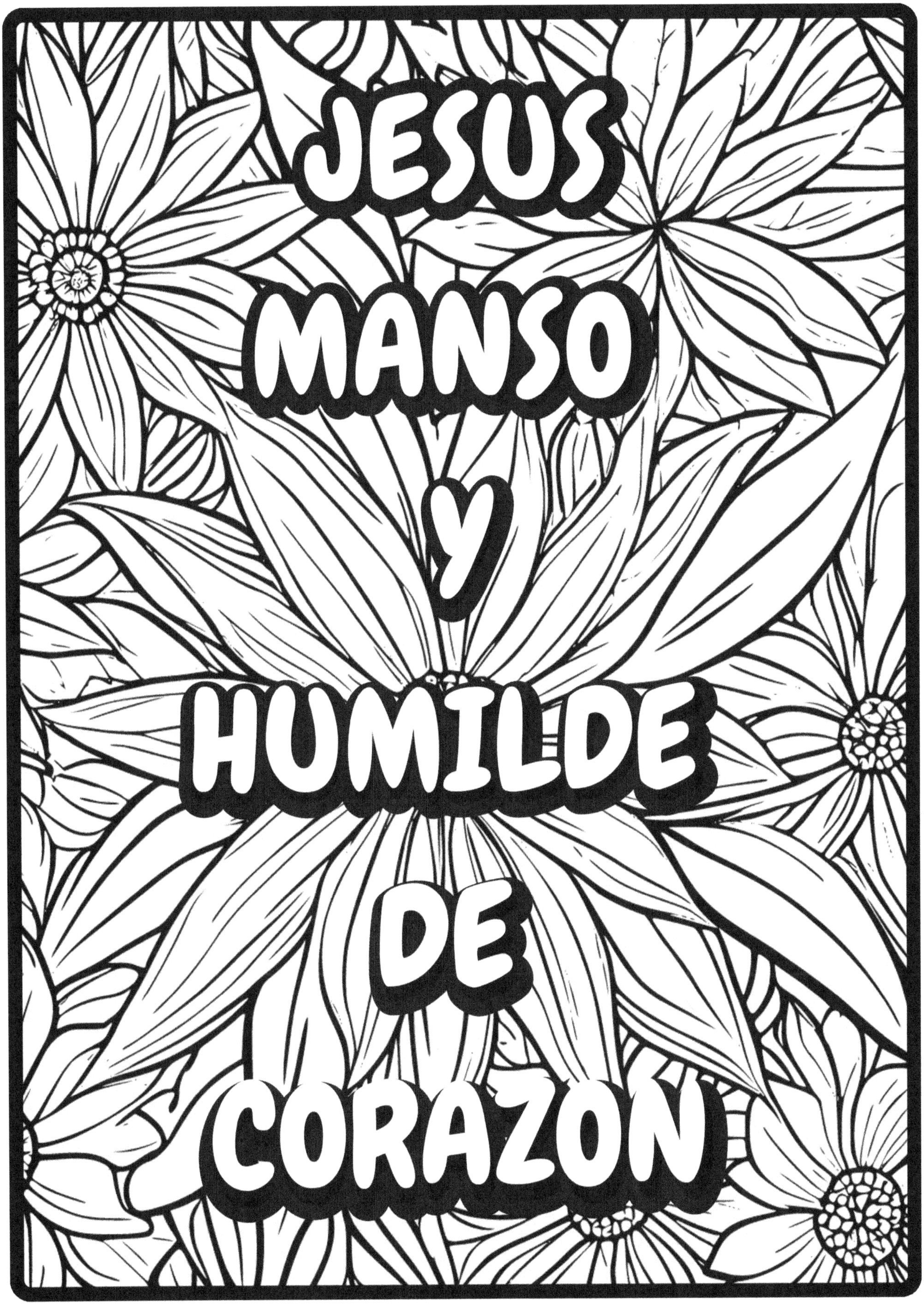
JESUS
MANSO
Y
HUMILDE
DE
CORAZON

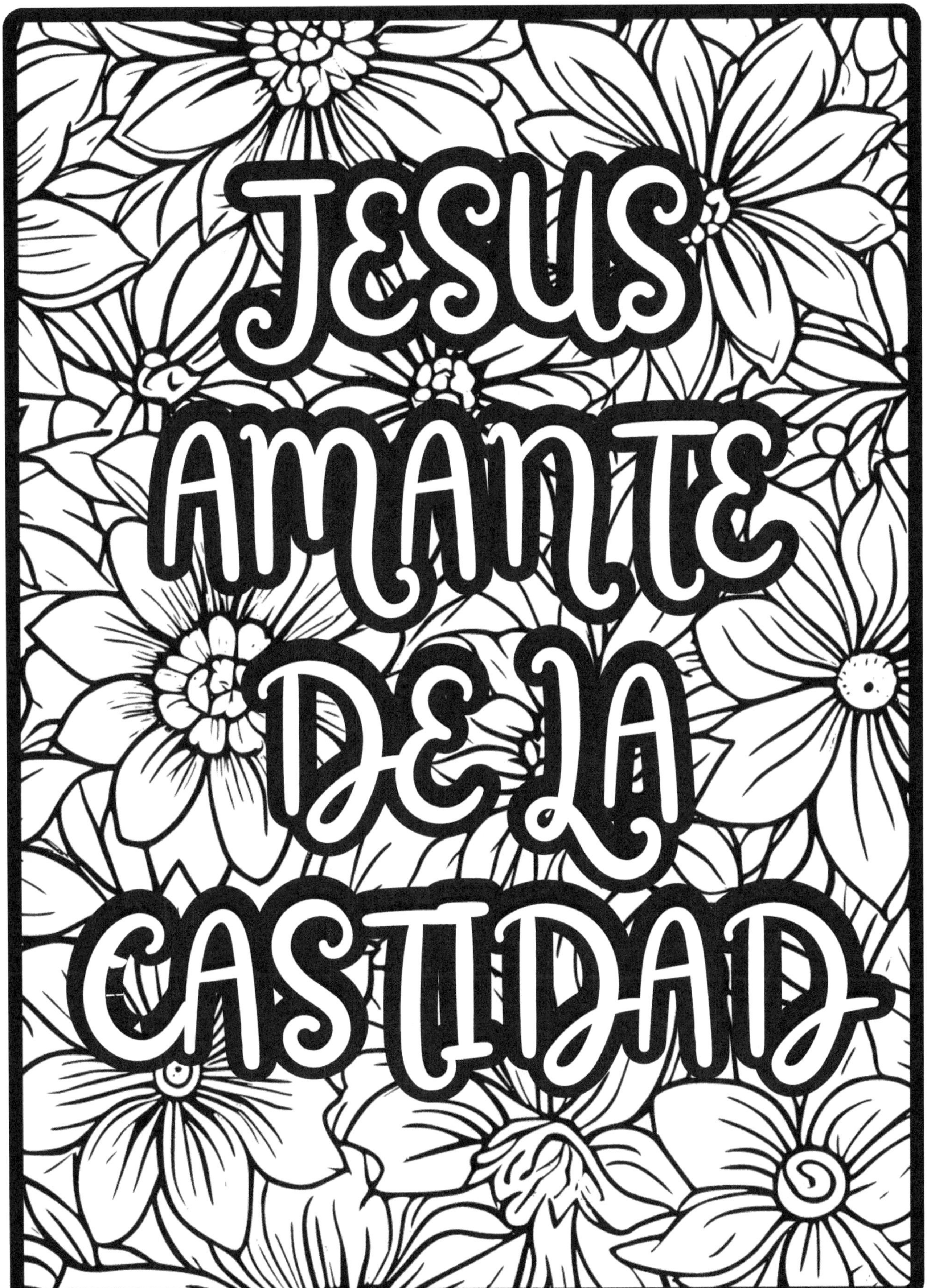
JESUS
AMANTE
DE LA
CASTIDAD

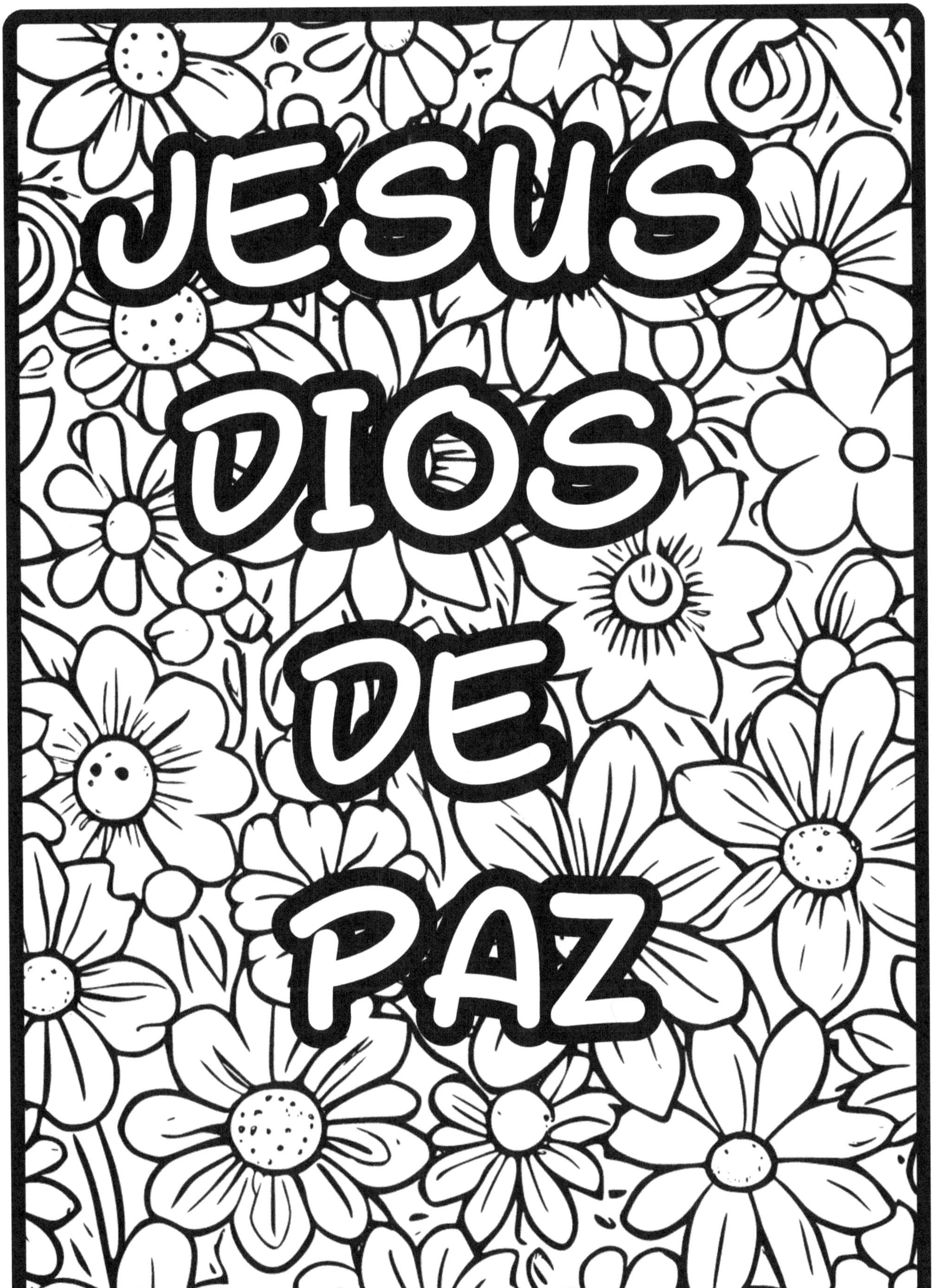
JESUS
DIOS
DE
PAZ

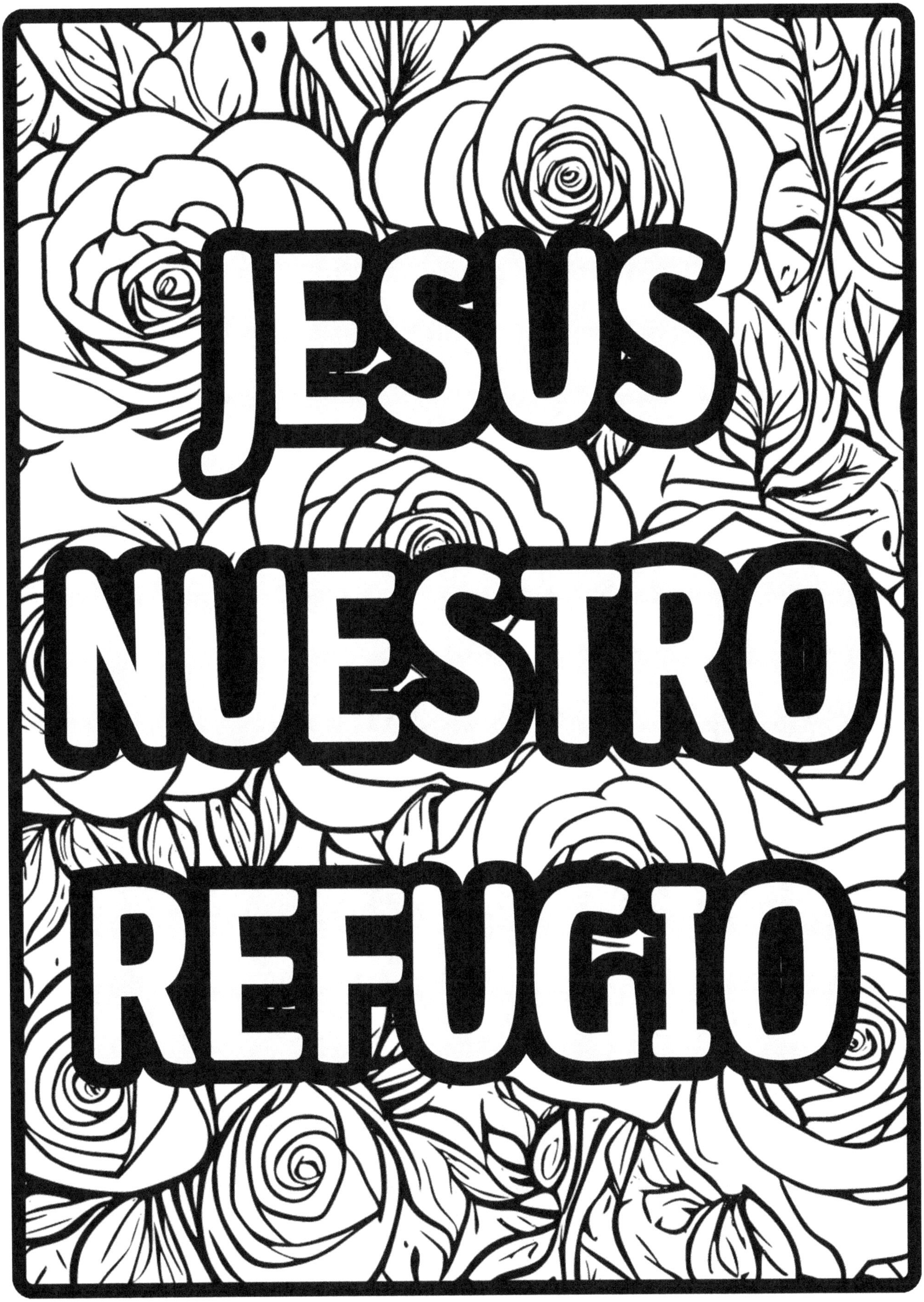
JESUS
NUESTRO
REFUGIO

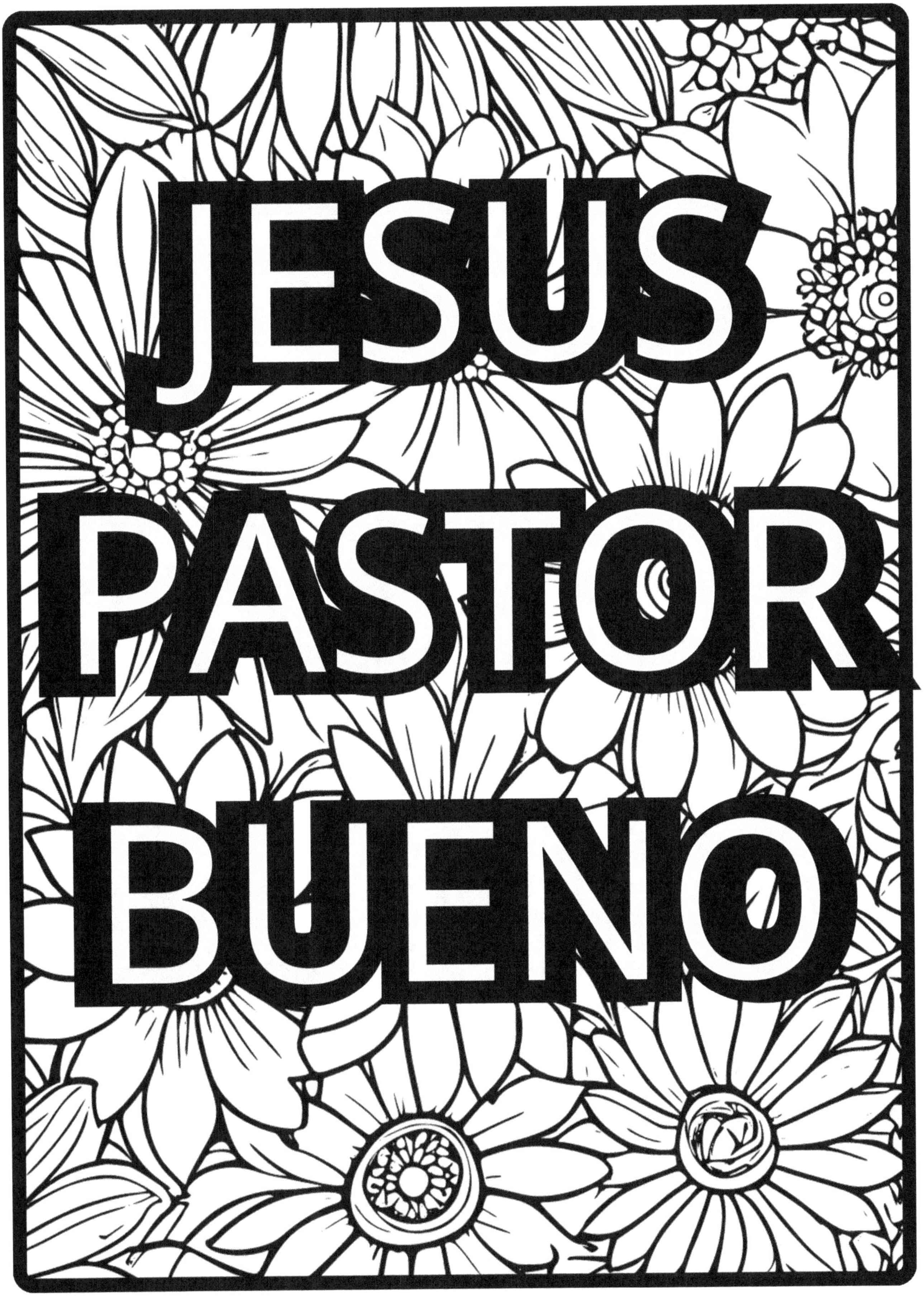
JESUS
PASTOR
BUENO

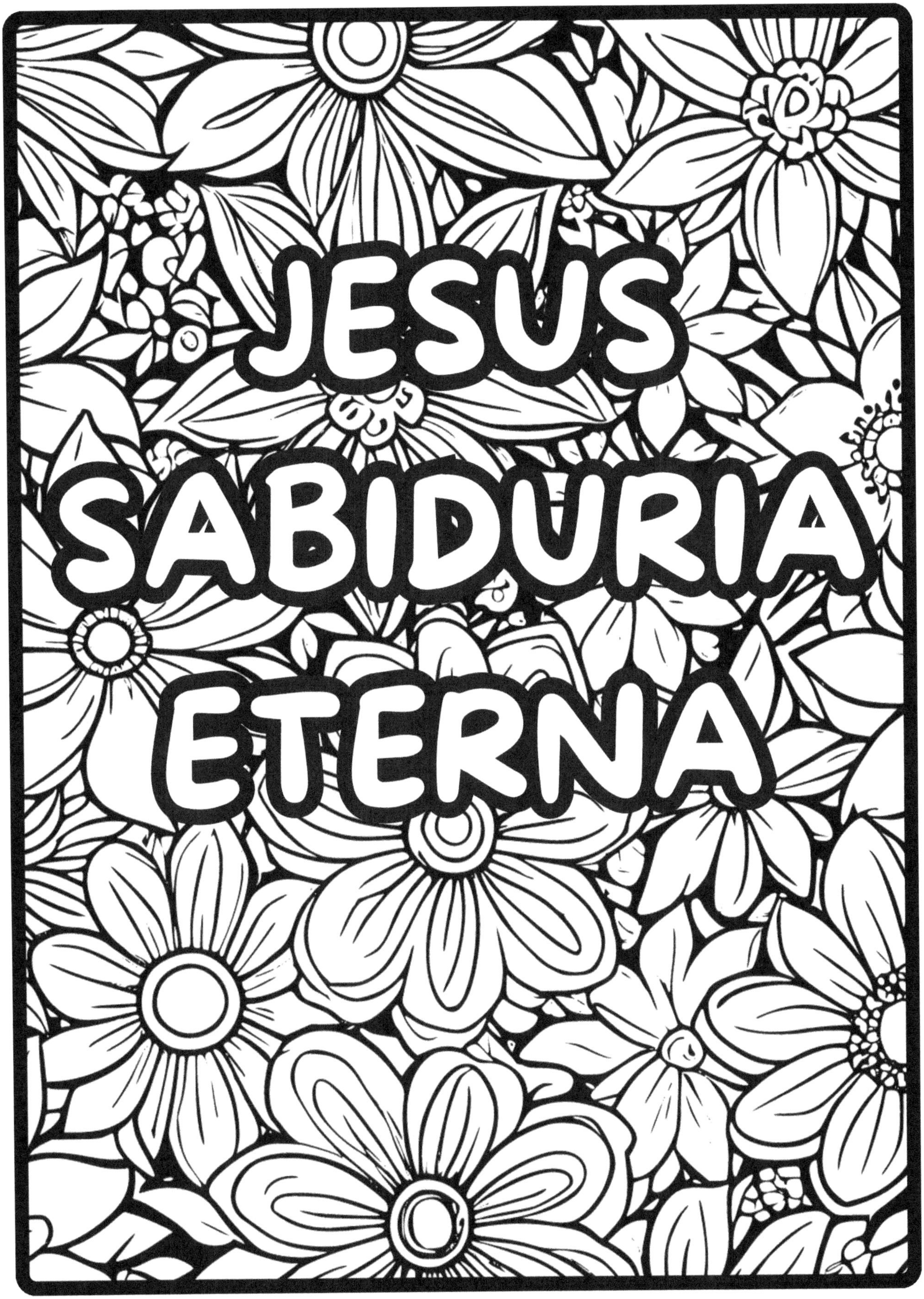
JESUS
SABIDURIA
ETERNA

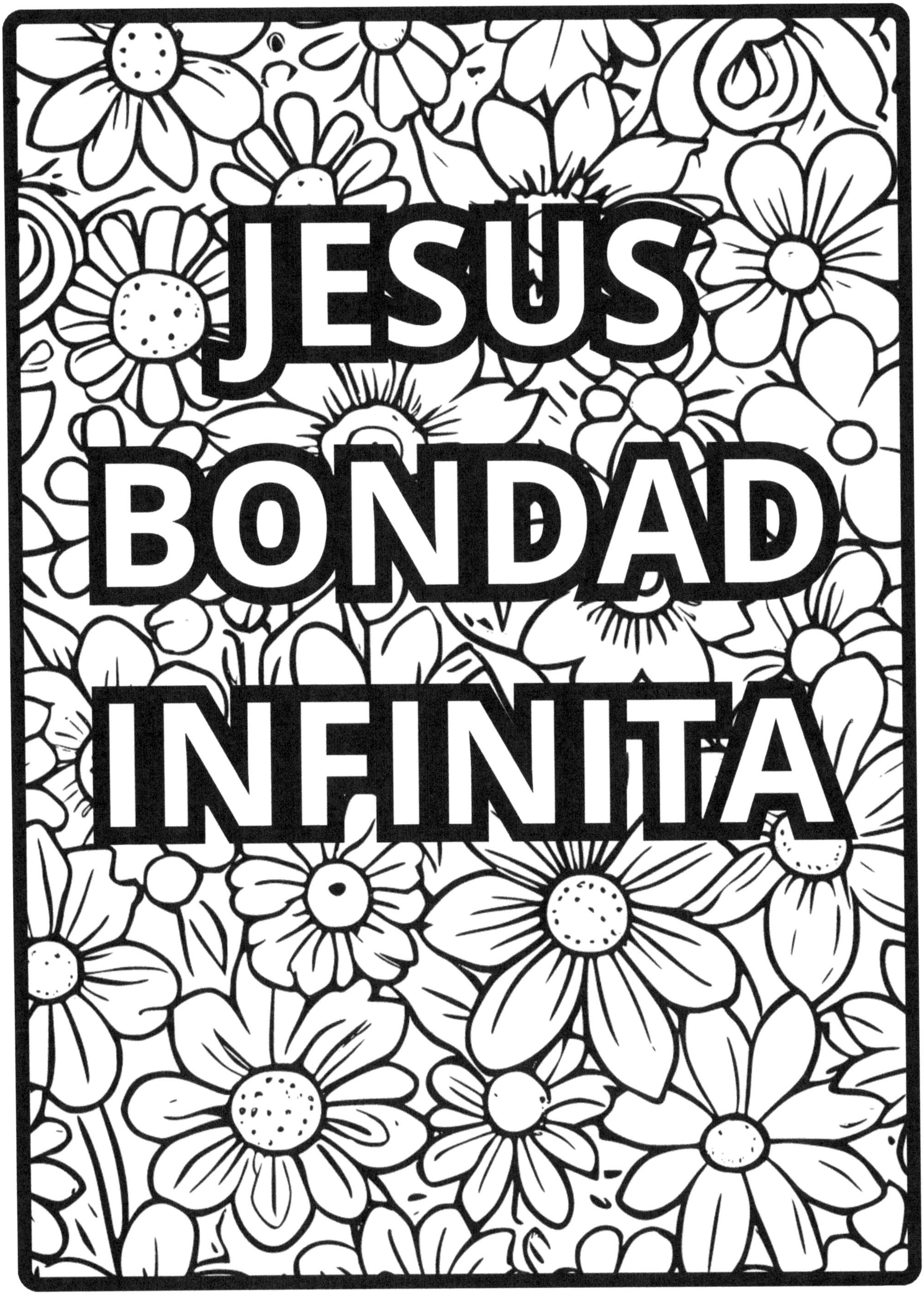
JESUS
BONDAD
INFINITA

www.ingramcontent.com/pod-product-compliance
Lightning Source LLC
Chambersburg PA
CBHW062222220526
45471CB00009B/3313